基于项目学习的
高中STEM
课例设计

郭艳/李波/吴俊和 ◎ 主编

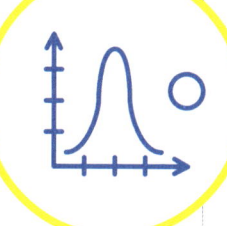

打破学科本位思想，多学科知识融合应用
是一种重实践的超学科教育理念

陕西新华出版传媒集团
陕西科学技术出版社
Shaanxi Science and Technology Press
——西安——

图书在版编目（CIP）数据

基于项目学习的高中 STEM 课例设计 / 郭艳，李波，吴俊和主编 .—西安：陕西科学技术出版社，2020.7
ISBN 978-7-5369-7825-6

Ⅰ.①基⋯ Ⅱ.①郭⋯②李⋯③吴⋯ Ⅲ.①科学技术—活动课程—教案（教育）—高中 Ⅳ.①G633.92

中国版本图书馆 CIP 数据核字（2020）第 108881 号

JIYU XIANGMU XUEXI DE GAOZHONG STEM KELI SHEJI
基于项目学习的高中 STEM 课例设计
郭 艳 李 波 吴俊和 主编

责任编辑	高 曼 孙雨来
封面设计	米 乐

出 版 者	陕西新华出版传媒集团　陕西科学技术出版社 西安市曲江新区登高路 1388 号陕西新华出版传媒产业大厦 B 座 电话（029）81205187　传真（029）81205155　邮编 710061 http://www.snstp.com
发 行 者	陕西新华出版传媒集团　陕西科学技术出版社 电话（029）81205180　81206809
印　　刷	凯德印刷（天津）有限公司
规　　格	710mm×1000mm　16 开
印　　张	11.5
字　　数	170 千字
版　　次	2020 年 7 月第 1 版 2020 年 7 月第 1 次印刷
书　　号	ISBN 978-7-5369-7825-6
定　　价	48.00 元

版权所有　翻印必究

编委会

主　编	郭　艳	李　波	吴俊和
副主编	沈　涵	饶小锋	周晓晓
编　委	曹　俊	彭晓娟	金　杰
	马惠卿	王　兵	黎家钊
	苏佳琦	肖　华	肖　丹
	张爱梅	邓全贵	金　发
	王佑超	曾光明	王妙婷
		魏昱彤	金万超

教育不是通往上流社会的阶梯，而是通向智慧的道路。

——内尔·诺丁斯

>>> 前言

　　古希腊哲学家赫拉克利特说:"世界上唯一不变的就是变化。"中华人民共和国成立以来,基础教育课程领域进行了8次较大规模的改革。改革永远在路上。目前正在进行的课程改革更加注重培养学生的核心素养,更加强调提高学生综合运用知识解决实际问题的能力。

　　STEM教育代表目前国际上一种新的综合学科背景下的教育思潮,是一种重实践的超学科教育理念。STEM教育倡导将各个领域的知识通过综合的课程结合起来,加强学科间的相互配合,发挥综合育人功能,让学生在综合的环境中学习,在项目活动中应用多个学科的知识解决问题。

　　高中学生经过九年的基础教育,已经具备一定的多学科知识,具备多学科综合学习的条件。本书基于项目学习编写高中STEM课例,引导学生综合应用多学科知识解决生活中的真实问题,能激发学生的好奇心、培养其动手能力、引导同学之间相互合作、锻炼学生解决实际问题的能力等。

　　本书共三章,第一章为理论与方法,第二章为课例与实践,第三章为发现与创新。通过第二章真实项目的学习与实践,希望学生能通过实践掌握项目式学习的科学方法,获得STEM学习的科学智慧,具备探究问题的能力。通过第三章的发现引导,希望学生能用一双慧眼,发现生活中的项目并尝试解决。

　　本书的主体内容为高中STEM课例设计。课例中的项目均来源于生活中的真实情境,问题的解决经过了课堂教学实践,具有真实性。所写课例也尽量避开对开设STEM课程硬件设施的限定,每个课例项目解决所涉及的材料均来源于生活中的常见物质,具有可操作性及普适性。

本书在编写过程中，得到了很多专家、教研员和一线教师的帮助。他们是佛山市教研室饶小锋老师，顺德区教育发展中心吴俊和老师、周晓晓老师，广东顺德德胜学校李传扬校长、沈涵副校长、马惠卿博士、彭晓娟老师、金杰老师、曹俊老师、王兵老师、黎家钊老师、苏佳琦老师、肖华老师等。正是由于他们的智慧和付出，才成就了本书，在此表示衷心的感谢！

限于时间和水平，本书中有些项目的设计可能还不到位，恳请广大读者批评指正！

李波

2019 年 11 月

>>> 目录

第一章 理论与方法 ……………………………………………… 1
第一节 什么是 STEM？…………………………………… 2
第二节 如何开展 STEM？………………………………… 12

第二章 课例与实践 ……………………………………………… 17
第一节 曾太太家的烦恼
——解决净水器废水回收桶漫水问题 ………… 18
第二节 帮一帮地理老师
——解决火山喷发实验设计问题 ……………… 28
第三节 做个养花自由人
——解决因长时间旅行浇花难问题 …………… 38
第四节 让奶奶喝上净水
——解决农村厨房水质问题 …………………… 50
第五节 泡菜达人养成记
——解决腌制泡菜时食材选择的问题 ………… 60

第六节　磁流体减压玩具
　　——解决含铁废水的回收利用问题 …………………… 72

第七节　小明上学的烦恼
　　——缓解城市交通拥堵问题 …………………………… 84

第八节　夜晚带娃的神器
　　——解决婴幼儿起夜照明问题 ………………………… 94

第九节　月月妈妈的愿望
　　——解决阳台 DIY 水培植物问题 ……………………… 106

第十节　神奇的手机魔盒
　　——解决孩子使用手机超时问题 ……………………… 118

第三章　发现与创新 ……………………………………………… 131

第一节　家庭场景 ……………………………………………… 132

第二节　学校场景 ……………………………………………… 146

第三节　交通场景 ……………………………………………… 160

第一章 理论与方法

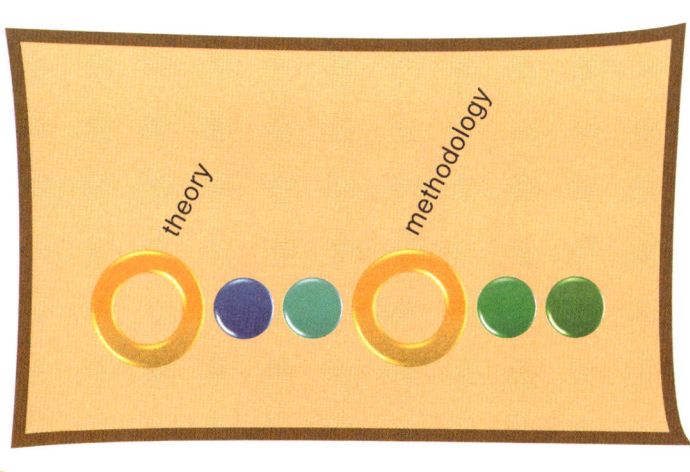

第一节
什么是 STEM？

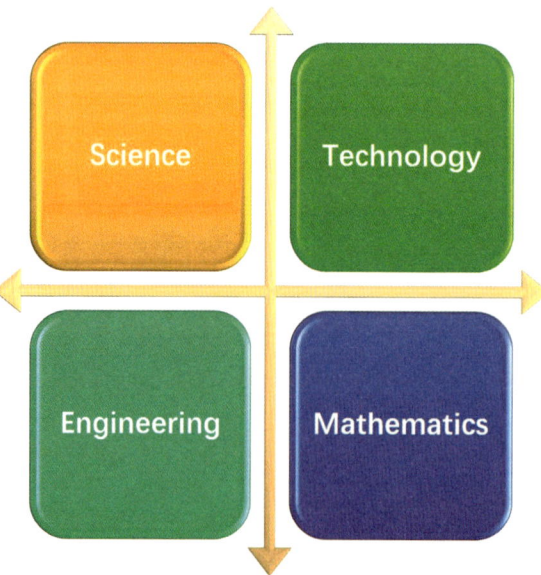

一、STEM、STEAM、STEM+ 与 STEMx

STEM 教育（STEM Education）源于美国。1986 年美国国家科学委员会（National Science Board，NSB）发表《尼尔报告》，该报告是美国 STEM 教育集成战略的里程碑。报告中提出"科学、数学、工程和技术集成（SMET 集成）"的纲领性建议，被视为提倡 STEM 教育的开端，最初的英文缩写为 SME&T。

10 年后的 1996 年，美国国家科学基金会（National Science Foundation，NSF）针对全球及本国发展的新形势和问题，发表了名为《塑造未来：科学、数学、工程和技术的本科生教育新期望》的报告，对学校、地方政府、工商界等提出明确的政策建议，包括要大力"培养 K-12 教育系统中科学、数学、工程和技术学科的师资队伍"（K-12 指从幼儿园到中学的公立教育体系，这一概念主要在美、加等地使用）。

21 世纪初，NSF 将 SMET 这一缩写改为 STEM，分别代表科学、技术、工程和数学。发展至今，STEM 的内涵和外延越来越丰富，涉及的学科和领域越来越宽泛，也产生了很多 STEM 教育的下位概念，如 STEAM、STEM+ 与 STEMx 等。

（一）STEM

STEM 是科学（Science）、技术（Technology）、工程（Engineering）和数学（Mathematics）4 门学科的首字母组合。其中，科学在于认识世界、解释自然界的客观规律；技术和工程是在尊重自然规律的基础上改造世界、实现与自然界的和谐共处、解决社会发展过程中遇到的难题；数学则作为技术与工程学科的基础工具。

STEM 教育是集科学、技术、工程、数学多学科于一体的综合教育，涉及从宏观战略到微观教学中的所有问题，既是一种教育体系上的变革，也是一种教学方式上的突破，创造了基于项目、基于问题、基于任务的综合学习方式。

（二）STEAM

STEAM 是由美国维吉尼亚科技大学的学者 Georgette Yakman（2006）首先提出的，强调在 STEM 中加入"Art"学科。这里的"A"最初仅仅指向艺术，在逐步演化中被赋予了更广泛的含义，不仅指艺术，还包括人文、语言、文化、社会学等 10 多门学科。

（三）STEM+

在 STEAM 的基础上，上海在 2014 年率先提出了 STEM+ 的构想。从 2014 年开始，上海市教委通过推进"长周期实证教育研究项目"，在 15 区 200 所幼儿园、小学、初中和高中实验学校开始了 STEM+ 教育的实证研究。这个"+"包含了科学、技术、工程、数学与人文精神、艺术素养和社会价值观的结合，其中特别强调科学与人文精神和社会价值观的养成。这个"+"不仅仅是内容的增加，更重要的是育人理念的提升。

（四）STEMx

STEMx，这里的 x 代表计算机科学、计算机思维、调查研究、创造与革新、全球沟通、协作及其他不断涌现的 21 世纪所需的知识与技能。STEMx 教育就是科学、技术、工程、数学及相关技能的教育。

（五）结语

值得重视的是，2014 年，美国国家科学院和国家研究委员会联合组建的 STEM 整合教育委员会发布的研究报告《K-12 STEM 整合教育：现状、前景和研究议程》，对 STEM 整合教育有了更全面的认识。他们的研究给出的重要建议中有一条提到：整合并不一定越多越好，要以一种可测量、策略性方式实施 STEM 整合教育，要以学生在认知和学习上的利弊为据。

可见，STEM 更多表达的是一种学科融合教育的理念。STEM 超越 STEM，不是特指某些学科，也不是指解决问题的过程中只能运用哪些学科，它强调的应该是学习者运用多学科、跨学科知识共同解决真实问题。基于此，本书选用了 STEM，以最原始的表达、最本质的内涵，编写了多学科融合教育的课例。

二、只有 3D 打印、编程才是 STEM？

目前，我国 STEM 课程未能进入常态的课程与教学，主要以校本课程的形式出现，主要集中在校外培训领域。培训机构 STEM 课程目前主要以机器人教育、儿童编程教育、3D 打印教育等为主，这让很多朋友形成了关于 STEM 教育的认知误差：STEM 就是"编程教育""机器人课程"。本部分我们以一堂美国的 STEM 课例为例，通过真相还原本质，改变认知。

保护鸡蛋
——工程设计中的冗余与容错

★ 课程背景与目标

在工程学中,冗余是指额外设计或复制关键的部件、系统的主要功能,意图提高系统的可靠性;容错是指在系统部分组件出现问题的时候,整个系统仍然能够正常运行。因此,冗余设计和容错设计是工程设计中十分重要的组成部分。本课旨在让学生通过设计保护高空坠落的鸡蛋来体会工程设计中的冗余与容错思维,进而学会全面思考与细心做事。这项活动看似简单,其实对学生来说有一定难度。此外,学生往往习惯了"寻找正确答案"的思维模式,通过创意活动这种没有唯一的解决方案的形式,可以释放学生的想象力、创造力和发散性思维能力,帮助学生认识到在现实生活中解决真实问题的思维方式和在学校中有什么不同——往往没有唯一的正确答案,只有较优的解决方案,需要跳出固有框架思考,发散思维寻找方法,并不断进行反思。

★ 课程领域

艺术、语文、生物、物理、工程。

★ 建议年级

六年级。

★ 建议时间

基础课程:115 分钟。

延伸课程:20 分钟。

★ 课程任务

学生通过多媒体手段回顾生活中的各类高空坠落现象，思考高空坠落对坠落物会带来哪些伤害，并思考现实生活中如何防止这些伤害的发生。在此基础上，对高空坠落的鸡蛋，学生进行想象，通过小组合作，设计缓冲方式与结构，保证鸡蛋完好。学生在活动中学习如何与他人进行交流合作，共同完成从自由畅想到创意制作这一过程。

★ 教学过程

一、导入（15分钟）

播放高空坠物的视频，包括高空抛物、跳伞兵打开降落伞下降、建筑工地防护措施、飞船返回陆地、蹦床运动等视频。通过观看视频，教师提出以下问题让学生思考。

- 1千克的水从万米高空洒下，会伤人吗？
- 一只老鹰、一只兔子和一只蚂蚁从高空坠落，分别会发生什么？
- 视频中有哪些减缓坠落的方法？试着总结一下。
- 你能用自己的话说明这些减缓坠落的方法分别是什么原理吗？
- 你从100米高空掉进水里，假设水足够深，你会受伤吗？

通过回答以上问题，学生会在脑海中构建起保障高空坠物安全的方法。

二、执行任务（100分钟）

1. 出示任务和评价量规（5分钟）

（1）任务：以小组为单位制作一个地面缓冲装置，使鸡蛋从1.5米高处落下不会碎。

学生先进行方案的设计，然后凭设计方案领取制作材料。

（2）材料：生鸡蛋、细绳、吸管、厚纸巾或报纸、黏土或橡皮泥、保鲜膜、筷子、中号塑料袋、橡皮筋、气泡膜、胶带、剪刀。

（3）评价量规：

鸡蛋保护装置及地面缓冲装置设计评价量规

	1分	2分	3分
完成时间	20～25分钟	18～20分钟	18分钟以内
鸡蛋落地后情况	碎了	有破损	无破损
保护装置的总质量	质量最大	质量居中	质量最小
设计方案	无方案	有方案，但不够细致	方案较细致，有设计图，有说明
制作工艺和美观程度	制作工艺较粗糙，不美观	制作工艺水平一般，考虑了美观设计	制作工艺良好，较美观
总结展示	1人上台汇报，表述不完整	1人或2人上台汇报，表述较完整，表达能力较强	所有组员共同汇报，能详细说明过程，表达能力强

2. 设计与制作（25分钟）

学生自由使用材料，制作一个缓冲装置。在制作过程中，教师询问学生以下问题，启发学生思考。

- 缓冲装置软一点好还是硬一点好？你认为缓冲到什么程度是合适的？
- 如果你的缓冲装置做成了"蹦床"，会有哪些问题出现？如何避免？
- 如果你的缓冲装置中间凸、四周凹，会有哪些问题出现？
- 鸟是怎么解决巢穴问题的？是如何考虑缓冲因素的？

各小组制作好以后示意教师。依次使用鸡蛋进行3次实验，记录实验结果。3次实验高度均为1.5米。

3. 修正设计（20分钟）

各小组根据实验结果进行总结，汇总在第一轮实验中发现的一些问题（或不成功之处），并通过讨论得出解决方案。

汇总的问题（或不成功之处）可能包含如下内容：

- 鸡蛋从缓冲装置中掉下来损坏了。
- 缓冲装置太软,鸡蛋还是损坏了。
- 缓冲装置太小,鸡蛋没有落到指定位置,而是落在了地上。鸡蛋没有掉到缓冲装置的中心,而是掉偏了,影响了结果。

教师也可根据学生表现,引导学生进一步讨论:鸡蛋在落地的时候受到了哪几方面的冲击力?针对这些冲击力怎么设计保护装置?

这些问题(或不成功之处)都是系统设计的冗余和容错不够造成的,学生要深入思考如何对自己设计的缓冲装置进行改进。

此时教师出示下一步实验任务:允许在鸡蛋上制作保护装置,但下落的高度提高至3米(可考虑户外)。

各小组完善鸡蛋保护装置的设计方案。改进地面缓冲装置的设计方案,形成详细的装置设计图,并交由教师检查,领取制作材料。

地面缓冲装置设计评价量规

	1分	2分	3分
小组分工与合作	无明确的人员分工	有分工,但执行较混乱	分工明确,执行有效率
完成时间	20~25分钟	18~20分钟	18分钟以内
鸡蛋落地后情况	碎了	有破损	无破损
保护装置的总质量	质量最大	质量居中	质量最小
设计方案的改进	方案未改进,缺乏指导性	方案有改进,但不明显,不够细致	改进后的方案较细致,有设计图,有说明
制作工艺和美观程度	制作工艺较粗糙,不美观	制作工艺水平一般,考虑了美观设计	制作工艺良好,较美观
更高的坠落高度(h)而不损坏	$h=3$米	3米$< h \leq 3.5$米	3.5米$< h \leq 4$米
总结展示	1人上台汇报,表述不完整	1人或2人上台汇报,表述较完整,表达能力较强	所有组员共同汇报,能详细说明过程,表达能力强

4. 制作（35 分钟）

学生自由使用材料进行制作。在制作过程中，教师询问学生以下问题，启发学生思考。

- 鸡蛋上面可以使用哪些缓冲装置？
- 修正后，你的地面缓冲结构是否有冗余设计？你设计了什么来保证效果？
- 桁架是空心的，为什么也很坚固？
- 膨化食品包装时为什么要充满气体？

各小组制作好以后示意教师，并使用鸡蛋进行 3 次实验，记录实验结果。

5. 测试（15 分钟）

测试 3 次。装置总质量也需要称量，最轻的装置得分最高。

测量结束后，各小组进行展示。展示需要介绍设计思路、设计和制作中遇到的问题以及解决方案，还可以对装置的应用场景做出设想。之后学生总结，汇总在第二轮实验中发现的一些问题，并通过讨论得出解决方案。

三、延伸（20 分钟）

可以让学生围绕以下问题进行头脑风暴：

能否设计一个便于移动和快速铺设的缓冲装置，以减少轻生者高空坠落造成的伤害？说出你的想法，尽可能详细。

这个结构可以增加哪些冗余设计和容错设计？

（本课例选自教育科学出版社出版，陈如平、李佩宁主编的《美国 STEM 课例设计小学卷》一书）

STEM 教育强调的是跨学科，而不是某一科。这是一堂美国六年级的 STEM 课例，在该课例开展过程中，并没有涉及编程或 3D 打印，而是融合了艺术、语文、生物、物理、工程等多学科知识，绝不是唯编程，也绝不是唯 3D。知识的累积，会增加知识存量的厚度，不足以使能力和视野有质的飞跃，只有跨领域的知识融合能力才能转化为宏观的知识维度，从而影响思考能力和视野广度。

　　STEM 教育的核心是工程。工程设计理念贯穿整个课例，让学生通过设计保护高空坠落的鸡蛋来体会工程设计中的冗余思维与容错思维，进而学会全面思考与细心做事。从 STEM 的 4 个基础组成学科看，科学是一个抽象的概念，是关于"是什么""为什么"的知识。技术是有关"做什么""怎样做"的方法和技巧，以及相应的工具和产品。工程需要运用技术进行设计，是解决问题、制作产品的过程。工程的核心是设计，从设计到生产的过程就是工程，如苹果公司生产苹果手机的过程就是工程。数学是解决问题的工具，用来解决科学技术和工程中的问题。在这些学科中，只有工程与学习者的实际生活有直接联系，并且是真实、有意义地解决问题的过程。

第二节
如何开展STEM？

一、基于真实情境

STEM 教育的核心理念是：基于现实生活中的实际问题，以工程设计过程为主导，提出自己的解决思路。STEM 的课程要基于真实的情境，尤其是学生能够接触到的日常生活、社会生活，所要解决的问题必须是真实问题，真问题、真探究。

STEM 教育强调项目的真实性，关注孩子在生活中的经验积累，并以此为基础培养观察、探究、实践的科学思维。儿童认知心理学家皮亚杰关于建构主义的基本观点是：儿童是在与周围环境相互作用的过程中，逐步建构起关于外部世界的知识，从而使自身认知结构得到发展的。也就是说，儿童对于在他们真实生活中接触到的事物，通过反复尝试、实践，才能逐步构建起对客观事物的认知。来自真实生活中的经验积累，是培养思维能力、构建知识体系的基础。

二、基于项目学习

基于项目的学习（Project-based learning，简称 PBL）理论及其应用都始于美国，主要受建构主义学习理论、杜威的实用主义教育理论和布鲁纳的发现学习理论综合影响而产生。是基于现实世界的以学生为中心的学习方式，其操作程序如下：

基于项目的学习是从一个需要解决的问题开始学习，这个问题被称为驱动问题（driving question）。学生在一个真实的情境中对驱动问题展开探究，在探究过程中学习及应用学科思想。教师、学生参加协作性的活动，一同寻找问题解决的方法。解决驱动问题后分享课堂学习的成果和过程，教师、学生依据评价量表进行评价反馈，学习者可基于评价对项目进行改进或展开更深入的探讨与研究。

PBL 将学习与任务或问题挂钩，使学习者投入问题中。它设计真实性任务，强调把学习设置到有意义的问题情景中，通过学习者的自主探究和合作来解决问题，从而学习隐含在问题背后的科学知识，形成解决问题的技能和自主学习的能力。

三、基于 CDIO 教育理念

STEM 课程是以工程设计为架构，数学和科学是 STEM 的暗线，工程是 STEM 的明线，STEM 就是要利用工程设计的整合作用。所谓工程设计，是工程师用于解决工程问题的方法，通常是指为了让某种设备或过程服务于某种特定目的的最佳方案。

CDIO是工程教育模式的简称，CDIO代表构思（Conceive）、设计（Design）、实现（Implement）和运作（Operate）。它以产品研发到产品运行的生命周期为载体，让学生以主动的、实践的、课程之间有机联系的方式学习工程。

CDIO的愿景是，为学生提供一种强调工程基础的、建立在真实世界的产品和系统的构思–设计–实现–运行（CDIO）过程的背景环境基础上的工程教育。在此过程中，形成技术和推理能力，个人和专业能力，人际交往能力。

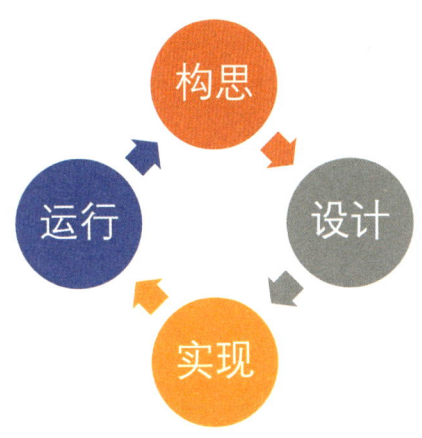

四、开展STEM教学评价

教学评价是依据教学目标对教学过程及结果进行价值判断并为教学决策服务的活动，是对教学活动现实的或潜在的价值做出判断的过程。

STEM的教学评价需要形成性评价和总结性评价结合进行。形成性评价是教师对学生发展情况的持续性监控，在这个过程中，教师可以看到学生的进步过程，了解学生学习的难点在哪里，及时发现教学的问题，及时调整教学内容，避免教学出现难度过低或过高的情况。总结性评价可以让教师看到 STEM 课程的实施效果和学生通过 STEM 课程得到的成长，为新 STEM 课程的开发奠定基础，从而促进良性循环。

在进行形成性评价时，教师可以依据课程设置自编相对应的量表对学生进行打分。量表需要写出 STEM 课程的步骤，并在每一个步骤中分出不同的层级，之后严格按照级别为学生打分，级别的增加代表着学生的发展，这样学生的能力情况便一目了然。

某项目评价量规

	1 分	2 分	3 分
完成时间	20~25 分钟	18~20 分钟	18 分钟以内
设计方案	无方案	有方案，但不够细致	方案较细致，有设计图，有说明
小组分工与合作	无明确的人员分工	有分工，但执行较混乱	分工明确，执行有效率
项目的验证	无法解决问题	解决部分问题	解决全部问题
设计方案的改进	方案未改进，缺乏指导性	方案有改进，但不明显，不够细致	改进后的方案较细致，有设计图，有说明
制作工艺和美观程度	制作工艺较粗糙，不美观	制作工艺水平一般，考虑了美观设计	制作工艺良好，较美观
总结展示	1 人上台汇报，表述不完整	1 人或 2 人上台汇报，表述较完整，表达能力较强	所有组员共同汇报，能详细说明过程，表达能力强

STEM 评价方法有很多种，它们都有着独特的优点，一个完整的 STEM 评价应该使用多种评价方法，才能对学生的综合素质作出判断。传统试卷评价方法可以评价学生对基本知识的掌握情况；对学生设计图、实施方案和实验反思等的评价可以看到学生各方面能力的发展；学生自我评价和组内互评可以看到学生的 STEM 态度。但要注意的是，不同的评价方法所适应的维度也不同，在进行评价时，不应一股脑套入所有评价方法，而是根据想要评价的内容，对评价方法进行筛选。

第二章
课例与实践

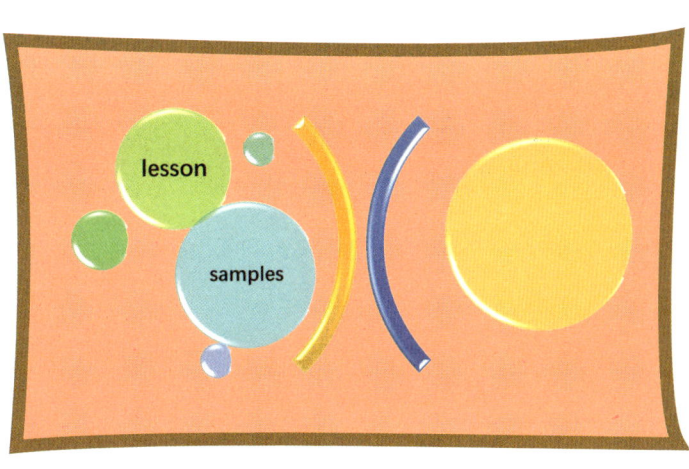

第一节
曾太太家的烦恼
——解决净水器废水回收桶漫水问题

生活情境

曾太太家的烦恼

随着人们生活水平的提高，饮水安全日益成为老百姓关注的焦点之一，越来越多的市民通过购买净水设备净化家庭饮用水。我们知道，净水设备在净水的同时，还会产生一定量的废水，如果不合理利用，极易造成水资源的浪费。曾太太是一个环保主义者，为了提高水资源利用效率，她在净水器废水出水口放了一个水桶，将废水收集再利用。但由于废水收集桶放置在柜内，平时柜门关闭，桶内水位状况不清，常出现漫水问题，曾太太非常苦恼！大家一起来帮助曾太太解决净水器废水回收桶漫水问题吧！

生活情境

生活知识大爆炸

净水器会产生多少废水

市面上有众多净水器，会排出"废水"的净水器往往是RO反渗透净水器产品。因为它的核心部件反渗透膜的工作过程实际上是一个液体浓缩的过程，水中的含盐量随着水流过反渗透膜表面不断地增加，水的渗透压也不断地增加。当渗透压增加到增压泵的压力时，水就不能通过反渗透膜流入净水一端。另外，由于水中矿物质浓度的不断增加，一些矿物质会在反渗透膜表面沉积下来，并堵塞反渗透膜的孔隙，导致反渗透膜产水量下降和脱盐率下降。

RO反渗透净水器工作的过程中要避免以上现象的发生，会有一部分水对反渗透膜进行冲洗，而冲洗所使用的水将被排除，称为"废水"。应用反渗透膜净水都有一个能将进水制成产品水的比例，称之为"回收率"。

反渗透净水器的废水率在1∶3～1∶2之间，也就是说这种净水器在产生一杯纯水的同时最高能产生3杯废水。随着科技的进步，目前市面上部分新款净水器的废水率已经控制在1∶1左右，即出1杯纯水，排出一杯左右的"废水"。

设 计 制 作

> **参考材料**

材料

可以参考的材料包含：蜂鸣报警器、电池、电池盒、导线、泡沫板、漆包铁丝、铜丝、电工胶布等。

（材料仅供参考，具体用什么，可根据小组的设计调整。）

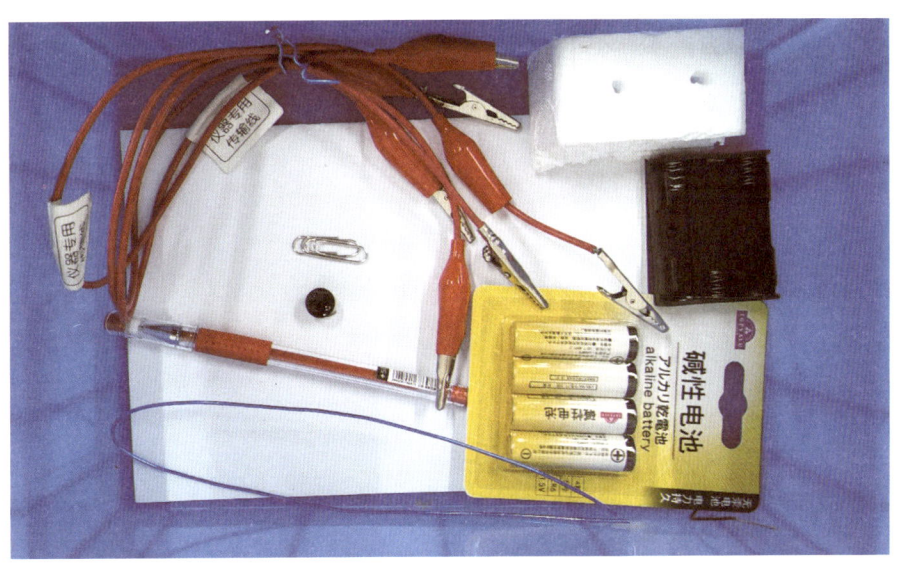

设 计 制 作

设计方案

思考讨论

根据要解决的问题及可参考的材料,请和本组小伙伴思考解决方案的细节,设计出可行方案。你们可能需要讨论以下问题:

1. 水位报警设计的关键是什么?
2. 如何连接报警电路?
3. 水位活动开关如何设计?

设计图示

快把你们小组讨论的方案画下来吧!

设计模型

模型照片

为小组模型拍个特写吧。可以从不同角度拍摄,选出最能体现模型特色的照片贴到下方。

设 计 制 作

测试改进

测试方法

1. 将一个水桶装半桶水。
2. 把小组制作的模型安装到水桶上。
3. 往水桶中加水。
4. 观察模型如何工作,是否达到预期效果。

改进记录

设 计 制 作

> 展示交流

模型工作流程陈述

制作过程中遇到的问题及收获

任 务 指 导

设计参考

设计图示

水位蜂鸣报警解决方案的设计主要应用了物理、数学、工程、技术等学科知识，设计水位活动开关，形成通路，触发蜂鸣报警器报警。

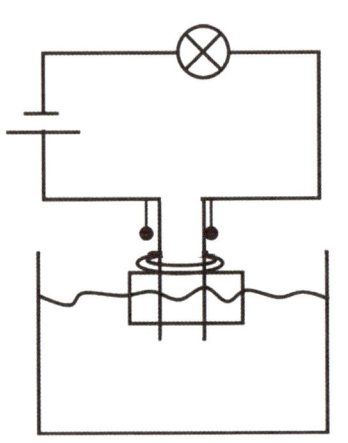

制作参考

模型展示

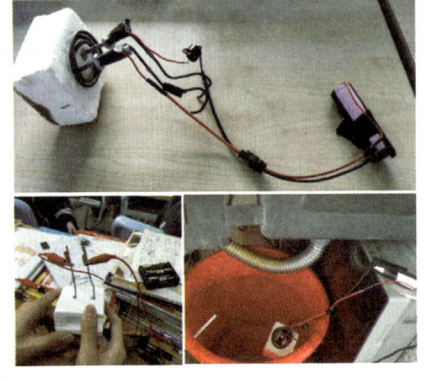

水位蜂鸣报警模型制作关键点：泡沫板是水位监测的关键。水位上升，泡沫板上升，上升到一定高度，泡沫板上的铜线圈（或其他导体）与导线触点连接，开关闭合，电路形成通路，蜂鸣报警器蜂鸣报警，提示水位已高，需尽快用水。

任务指导

更多思考

头脑风暴

1. 让水直接作为开关,把连接有电源和蜂鸣报警器的2条导线直接固定在水桶边缘,当水位上升至导线时,电路是否能形成通路,实现水位报警?

不可行。原因一:本模型是低压电路;原因二:普通的水是弱导体。基于此2点,无法形成通路。

2. 只用一节5号电池,可行吗?

用几节电池,可参考蜂鸣报警器的额定电压范围。

3. 收集的废水可以用来做什么?

可用作厨用洗涤水、家庭清洁用水,冲厕所等。

4. 本模型还有哪些可以改进的地方呢?

比如将泡沫板上的导体用铝板代替,以增加接触面积,保障水位上升,即成通路,即刻报警。

5. 还有什么其他方法可以解决曾太太家的烦恼呢?

……

第二节
帮一帮地理老师
——解决火山喷发实验设计问题

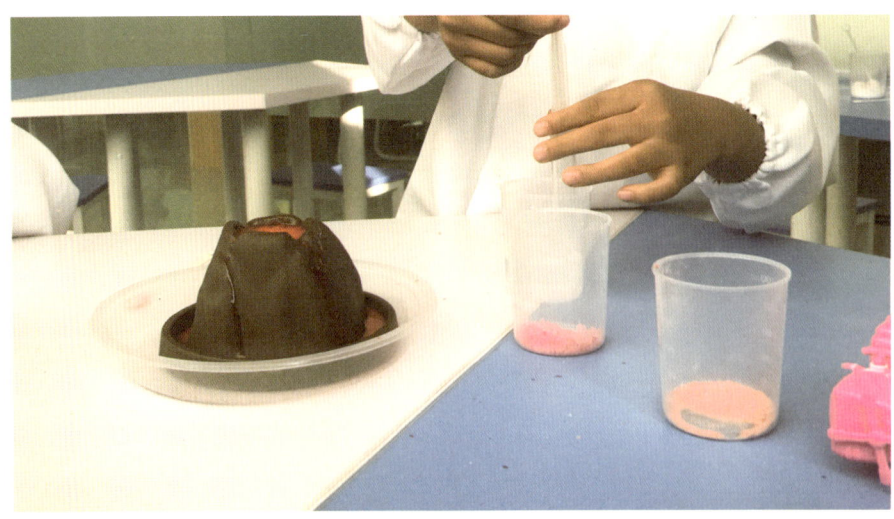

生 活 情 境

来自地理老师的求助

实验演示教学法，有助于为学生构建一个直观的教学情境，从而提高课堂教学质量。火山地貌是高中地理的学习内容之一，地理郭老师想通过火山喷发的实验演示，辅助学生学习。火山喷发的实验设计涉及美术、化学、数学等学科知识，郭老师只是地理老师，很多高中学科知识把她难住了。郭老师想起了学生们，他们正在综合学习各学科知识，郭老师决定把设计火山喷发实验的任务交给他们。大家一起来帮助郭老师吧！

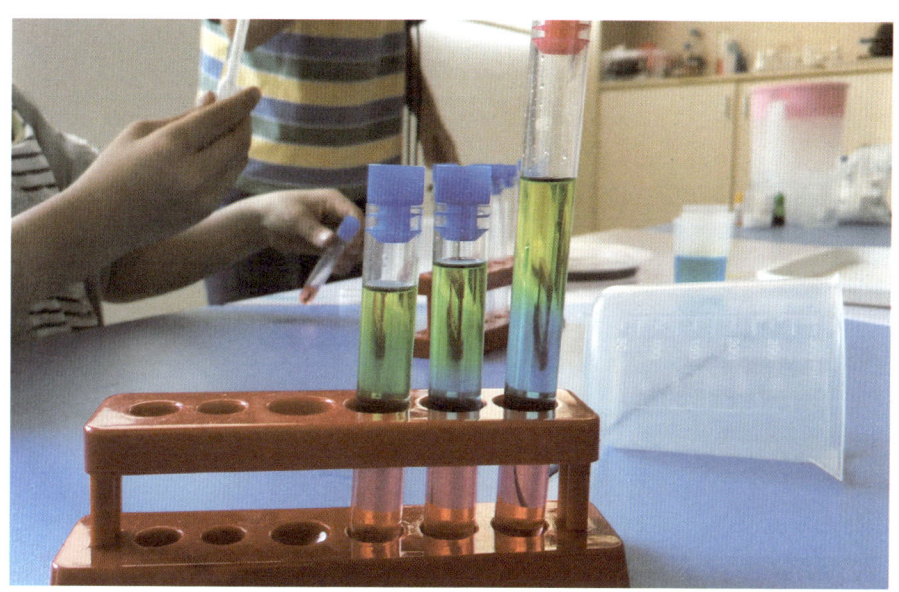

生活情境

生活知识大爆炸

常见的生活用品演示科学实验

在家可以做的小实验有很多,材料都是身边唾手可得,比如制作曼妥思喷泉、用牛奶书写秘密信件、分层密度柱、色彩大爆发等。

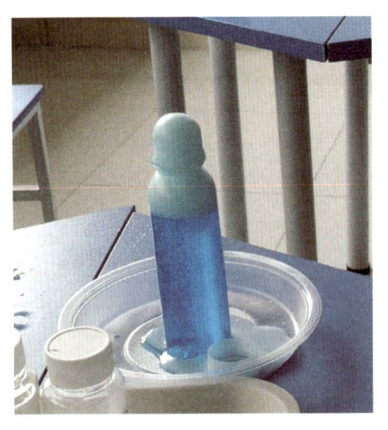

曼陀思喷泉

实验步骤:新开启一瓶可乐(效果随其量变化),迅速投入 4 颗曼妥思糖后(可选 10 颗,多放效果更佳),迅速撤离(气体喷发时压强较大,建议选择在空旷地点完成)。

实验原理:"曼妥思"薄荷糖入水后释放出的凝胶和树脂破坏了可乐液体的表面张力,而薄荷糖里很多细密的微孔结构,是形成二氧化碳泡沫的理想场所。"曼妥思"薄荷糖含有阿拉伯胶,这个成分让水分子的表面张力更容易被突破,使可乐以惊人的速度释放更多的二氧化碳,所以能喷得很高。

设计制作

> **参考材料**

> **材料**
>
> 可以参考的材料包含：轻黏土、纸巾内筒、矿泉水瓶盖、报纸、柠檬酸、小苏打、色素等。
>
> （材料仅供参考，具体用什么，可根据小组的设计调整。）

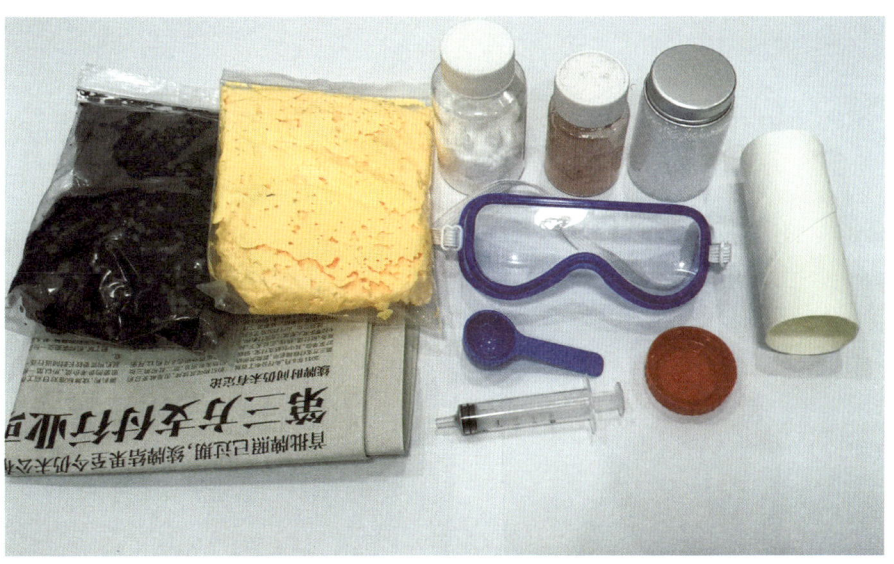

设计方案

思考讨论

根据要解决的问题及可参考的材料,请和本组小伙伴思考解决方案的细节,设计出可行方案。你们可能需要讨论以下问题:

1. 火山如何制作?
2. 火山喷发是利用什么化学反应?
3. 如何让火山喷发实验更逼真?

设计图示

快把你们小组讨论的方案画下来吧!

设 计 制 作

设计模型

模型照片

为你们小组的实验拍个特写吧。可以从不同角度拍摄，选出最能体现本次实验特色的照片贴到下方。

测试改进

测试方法

1. 测试的火山模型是否会被水软化变形?
2. 把小组设计的实验药品放置到火山口。
3. 向火山口中加水。
4. 观察火山是否按预期喷发。

改进记录

设 计 制 作

展示交流

火山喷发实验工作流程陈述

制作过程中遇到的问题及收获

设计参考

设计图示

火山喷发实验解决方案的设计主要应用了地理、化学、数学、美术、工程等学科知识，设计火山模型，设计实验步骤，模拟火山喷发。

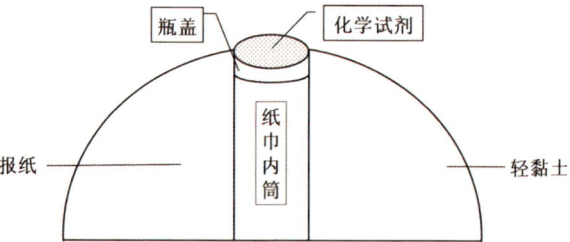

制作参考

模型展示

火山喷发实验设计关键点：

1. 火山锥体制作：利用报纸、轻黏土塑型制作火山锥体，利用纸巾内筒制作火山岩浆通道，利用瓶盖制作火山口。

2. 火山喷发实验设计：利用小苏打与柠檬酸反应生成大量二氧化碳，模拟火山喷发。利用红色色素搅拌化学试剂，使反应物呈现红色，仿真模拟岩浆。

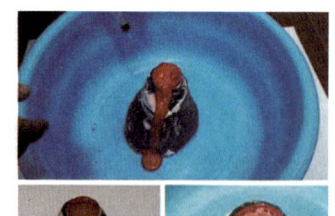

任务指导

更多思考

头脑风暴

1. 火山模型的制作是否可用其他材料？

可以。比如黏土、白黏土等均可，且黏土的稳定性和水溶性比轻黏土更好。

2. 如何能使火山喷发得更加猛烈？

比如用醋酸代替柠檬酸，因醋酸酸性更强，当和等量的小苏打反应时，火山喷发会更猛烈。

比如用2倍的柠檬酸和小苏打反应，因反应分子更多，所以反应持续的时间更长，喷发更猛烈。

3. 还可以设计什么其他的实验方案来帮助郭老师呢？

……

第三节
做个养花自由人
—— 解决因长时间旅行浇花难问题

生活情境

丽丽的养花苦恼

很多人都有种养花草的爱好,生活在钢筋水泥的城市中,花草既让人感觉到靠近自然,解压放松,又能装点家舍,美化环境。但养花也给人带来了烦恼,比如全家外出旅行时,找人照看会给人添麻烦,不请人照看又担心花草会蔫掉,束缚了养花人的自由。每一个养花人都想做一个养花的自由人。丽丽也是这样,她既爱旅行又爱养花,在旅行过程中,总是担心花花草草的浇水问题。谁来解决丽丽的苦恼呢?

生活情境

生活知识大爆炸

植物也能感受幸福

近年来，随着生活水平的提高，人们对家居环境和空气质量的要求也越来越高。人们往往会通过种植一些绿色植物来改善家居环境和空气质量，同时绿植可以缓解工作压力，放松心情。然而人们往往因为工作繁忙而无暇照顾盆栽，等到回过神来，可能盆栽已经奄奄一息；或因为错误的种植方式，以及缺乏相应的种植经验而导致盆栽死亡，市场急需一款能在用户出差时或在主人缺乏种植经验时帮助用户打理盆栽的产品。这就是"幸福的植物"这个项目的出发点，希望能帮助用户简单、轻松地打理自己的盆栽。

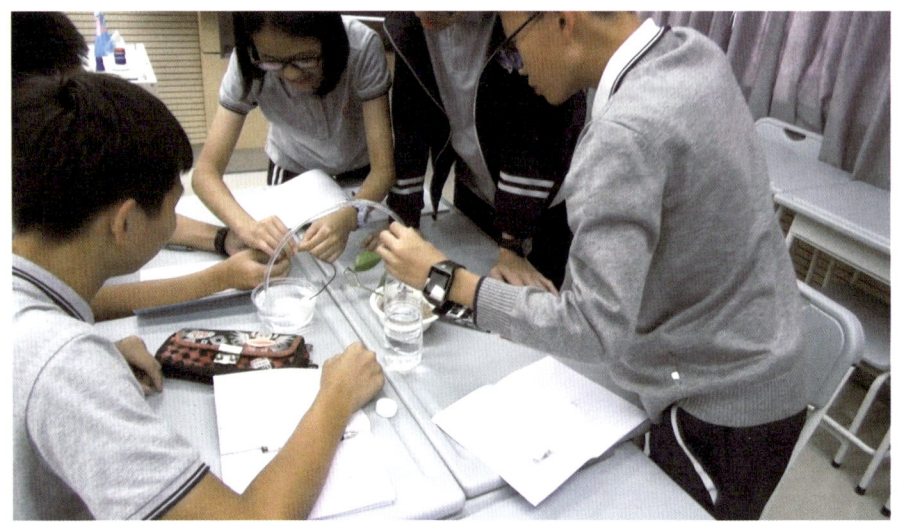

设 计 制 作

参考材料

材料

智能控制模块（土壤湿度传感器＋继电器）、7号电池×4、电源盒、水泵、橡胶管、塑料碗、花盆（装砂纸碗）、一瓶水等。

（材料仅供参考，具体用什么，可根据小组的设计调整。）

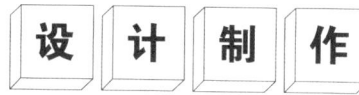

设计方案

思考讨论

根据要解决的问题及可参考的材料,请和本组小伙伴思考解决方案的细节,设计出可行方案。你们可能需要讨论以下问题:

1. 花草如何束缚养花人的自由?
2. 智能浇花器应该具备什么功能,才不负"智能"之名?
3. 如何设计智能浇花器的电路?

设 计 制 作

设计方案

设计图示

快把你们小组讨论的方案画下来吧!

设 计 制 作

设计模型

模型照片

为你们小组的模型拍个特写吧。可以从不同角度拍摄,选出最能体现本次实验特色的照片贴到下方。

设 计 制 作

测试改进

测试方法

1. 将土壤湿度传感器插入花盆。
2. 将水泵放入装满水的碗中。
3. 将橡胶管的出水口放入花盆。注意，不要对着土壤湿度传感器。
4. 打开电源后，观察是否能正常抽水和关停。

改进记录

设 计 制 作

展示交流

自动浇花器工作流程陈述

制作过程中遇到的问题及收获

设计参考

设计图示

自动浇花解决方案的设计主要应用了物理、地理、工程、技术等学科知识，通过智能控制模块探测土壤水分情况，自动控制水泵的开和关。

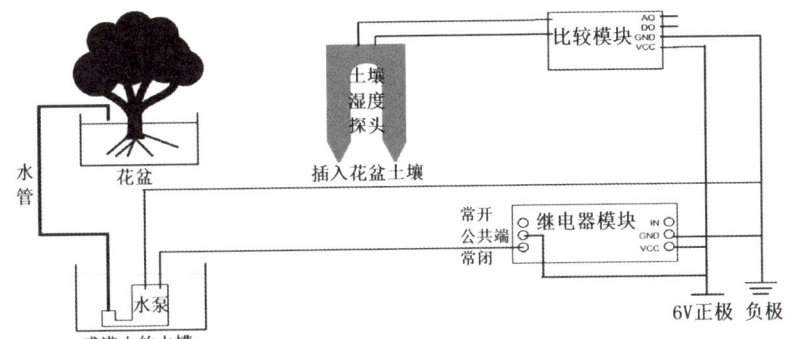

任务指导

制作参考

模型展示

智能浇花器的制作要点：设计电路是关键。土壤湿度探测器独立工作，直接连接电源，输出信号控制继电器，进而实现水泵的智能开和关。

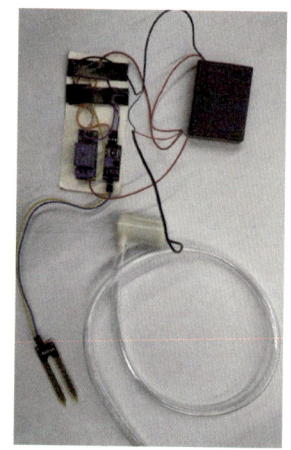

任务指导

> 更多思考

头脑风暴

1. 智能控制模块是否可以去除？

不可以。没有智能控制模块就无法实现智能浇花。

2. 只用一节 7 号电池，可行吗？

用几节电池，可参考器材的额定电压范围。

3. 不同类型的花草适宜生长的土壤湿度不同，如何改进智能浇花器使其适宜不同类型花草的浇灌？

将土壤湿度传感器升级为可设置设定值的土壤湿度传感器。

4. 本模型还有哪些可以改进的地方呢？

开发喷管、滴灌的模块，改进灌溉方式；提升设备的一体化程度等。

5. 还有什么其他方法可以解决丽丽的烦恼呢？

……

第四节
让奶奶喝上净水
—— 解决农村厨房水质问题

生活情境

奶奶家的水质问题

暑假小明回到农村老家，和奶奶从地里摘回又大又圆的西瓜，准备洗了切开来吃。小明拧开水龙头接了一盆水，发现水里有些漂浮物，小明担心奶奶家的厨房用水安全，上网查阅一些资料后，决定买工具来测测奶奶家的水质。小明在网上买了水质TDS检测笔，一检测发现奶奶家自来水TDS是299。原来奶奶家水质真的是有问题的！小明非常着急，想帮奶奶改善水质，大家一起来帮帮小明吧！

生活情境

生活知识大爆炸

TDS 水质测试仪

TDS 测试仪是用来测量水中溶解的总固体含量的专用测试仪。纯净的水中含有的溶解总固体是很少的,每升只有零到几十毫克左右。若水被污染或已经溶进许多其他电解质后,其总固体含量增多,TDS 测试仪可以将该型指标直接测量出来。在使用过程中,只要把 TDS 测试仪的测试端插到被测试的水中,立即就能把水中溶解的异物含量测试并显示出来。也就是说,TDS 测试仪上显示的数字是溶解在水中的物质总含量。很多时候,在检查净水器品质的过程中,TDS 值常来用来验证净水器净化的效果。

水中TDS数值参考表

0~50 ……………………… 纯度高
50~100 …………………… 纯度较高
100~300 …………………… 纯度一般
300~600 …………………… 会结水垢
600~1000 ………………… 口感较差
1000以上 ………………… 影响健康

设 计 制 作

参考材料

材料

可以参考的材料包含：滤纸、棉花、纱布、花岗岩石子、瓷砂、活性炭、石英砂、过滤试管、塑料漏斗、塑料盖、塑料杯、泥土、自来水、TDS 检测笔等。

（材料仅供参考，具体用什么，可根据小组的设计调整。）

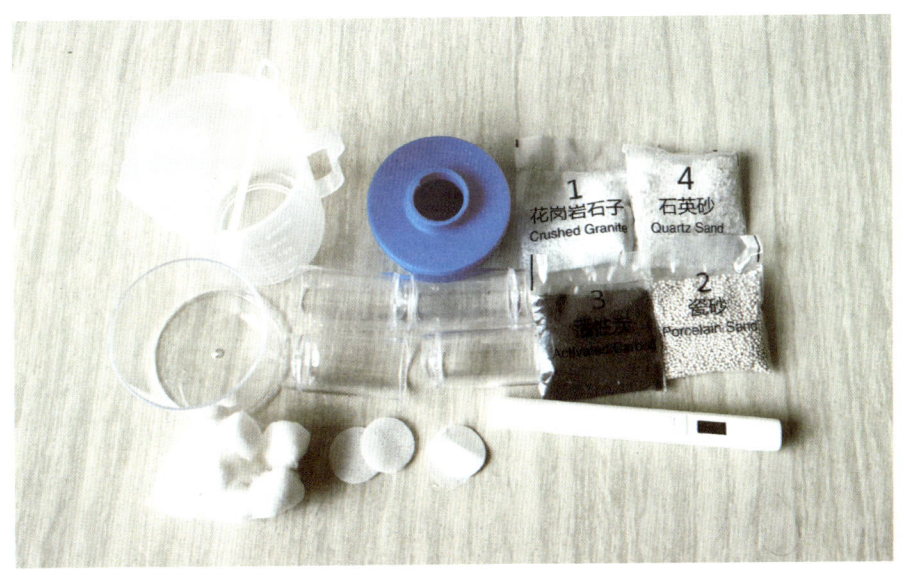

设计方案

思考讨论

根据要解决的问题及可参考的材料,请和本组小伙伴思考解决方案的细节,设计出可行方案。你们可能需要讨论以下问题:

1. 简易净水模型的原理是什么?
2. 每种材料的作用是什么?
3. 这些材料的层次安排是怎样的?

设计图示

快把你们小组讨论的方案画下来吧!

设 计 制 作

设计模型

模型照片

为你们小组的模型拍个特写吧。可以从不同角度拍摄,选出最能体现本次模型特色的照片贴到下方。

设 计 制 作

测试改进

测试方法

1. 将一点泥土与自来水混合,并摇匀。
2. 用 TDS 检测笔检测,并记录读数。
3. 组装简易净水模型。
4. 将混合后的自来水缓慢倒入模型中。
5. 用 TDS 检测笔检测经模型净化后的水,并记录读数。

改进记录

设 计 制 作

展示交流

简易净水模型工作流程陈述

制作过程中遇到的问题及收获

设计参考

设计图示

简易净水模型的设计主要应用了物理、化学、数学、工程等学科知识,利用4种材料设计有4层净化作用的简易净水模型,达到除去自来水中杂质的目的。

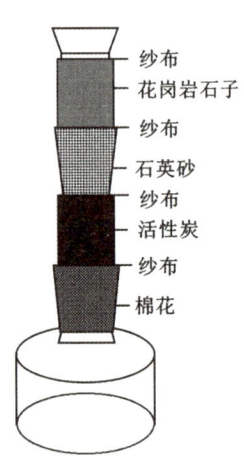

制作参考

模型展示

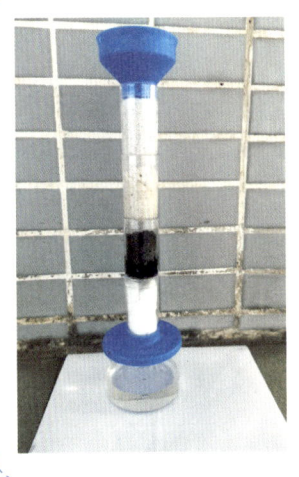

简易净水模型制作关键点:

1. 材料的层次安排。花岗岩石子过滤较大颗粒的不溶性物质,石英砂过滤颗粒较小的不溶性物质,活性炭吸附有色有味的物质,脱脂棉吸附颗粒很小的不溶性物质。

2. 花岗岩石子和石英砂要洗净,且每一层底部要铺纱布,塑料试管要组装结实,不能漏水。

任务指导

更多思考

头脑风暴

1. 自来水是从哪里来的？

自来水主要是通过水厂的取水泵站汲取江河湖泊及地下水、地表水，由自来水厂经过工艺处理得到的。

2. 自来水能否直接饮用？

自来水厂生产出来的水是符合直接饮用标准的，但是经过多个供水设备包括水泵、管路等造成了二次污染，其中杂质、细菌都会超标，所以进入住户家中的自来水是不可以直接饮用的，必须过滤烧开后才可饮用。

3. 净水器的原理是什么？

就是通过各种滤芯，将水一层层净化，达到去除杂质的目的。净水器的滤芯主要包括颗粒活性炭滤芯、反渗透滤芯和后置活性炭滤芯。质量较好的滤芯不但可以去除水中的泥沙、铁锈、细菌、悬浮物等杂质，去除水中的异味，还能够去除水中钙、镁等金属离子和放射性物质，完全净化、软化水质。

4. 还可以设计什么其他的模型来帮助小明呢？

……

第五节
泡菜达人养成记
——解决腌制泡菜时食材选择的问题

生 活 情 境

来自泡菜喜爱者的求助

泡菜古称菹,是指为了长时间存放而经过发酵的蔬菜。世界各地都有泡菜的影子,风味也因各地做法不同而有异,其中涪陵榨菜、法国酸黄瓜、德国甜酸甘蓝,并称为世界三大泡菜。已制妥的泡菜有丰富的乳酸菌,不仅有助于消化,更令广大泡菜爱好者食指大动。但是由于泡菜在腌制过程中会产生亚硝酸盐,这是公认的致癌物质,并且亚硝酸盐的含量与食材选择、盐浓度、温度、腌制时间等众多因素密切相关,家庭、小作坊或无严格安全检测厂商生产的泡菜更容易出现亚硝酸盐含量过高的问题。那哪种腌制泡菜食用最为健康呢?我们一起来帮助泡菜爱好者们吧!

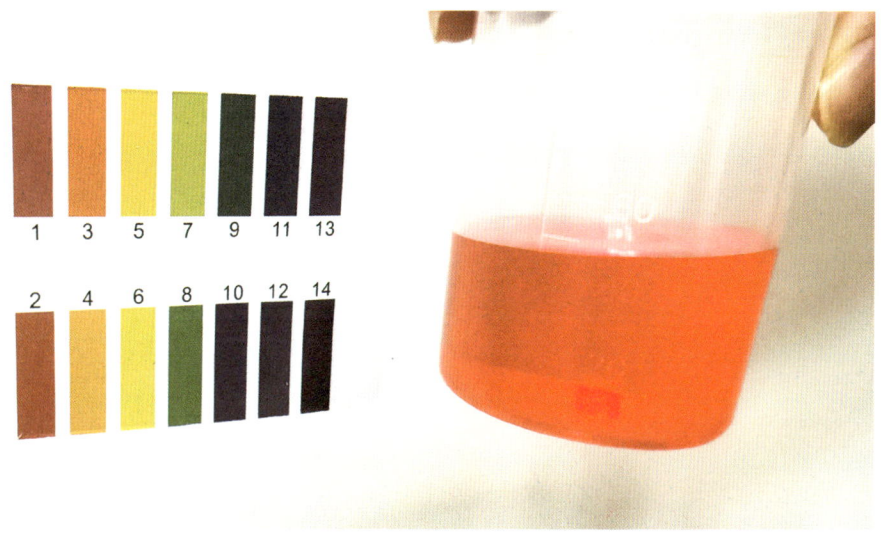

生活知识大爆炸

亚硝酸盐含量的测定方法

在盐酸酸化的条件下，亚硝酸盐与对氨基苯磺酸发生重氮化反应后，与 N-1- 萘基乙二胺盐酸盐结合形成玫瑰红色染料。通过比色法，将显色反应后的样品与已知浓度的标准显色液进行目测比较，大致估算泡菜中亚硝酸盐的含量。

现在市面上有可以直接测定亚硝酸盐含量的试剂盒，可在测定过程中减少配制标准试剂的麻烦。

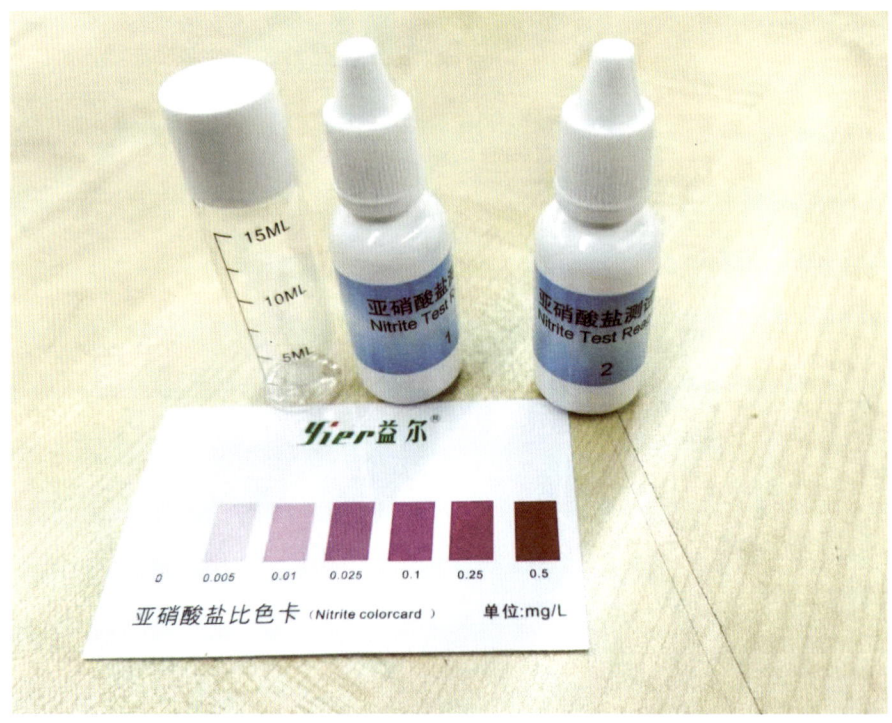

设计制作

⟨ 参考材料 ⟩

材料

可参考的材料包含：泡菜坛，萝卜、青瓜、白菜等相关蔬菜，食盐，香辛料，亚硝酸盐测定试剂盒。

（材料仅供参考，小组根据实际需求可进行适当的补充和调整。）

设 计 制 作

设计方案

> **思考讨论**
>
> 根据需要解决的问题及可参考的材料,请和本组小伙伴思考解决方案的细节,设计出可行方案。你们可能需要讨论以下问题:
>
> 1. 泡菜制作的流程。
> 2. 泡菜腌制过程外部的环境条件如何选择?
> 3. 进行亚硝酸盐含量测定时,要如何处理泡菜?

> 设计方案

设计图示

快把你们小组讨论的方案画下来吧!

设 计 制 作

设计模型

模型照片

为你们小组的实验拍个特写吧。可以从不同角度拍摄,选出最能体现本次实验特色的照片贴到下方。

设 计 制 作

测试改进

测试方法

1. 定期对不同种类的泡菜进行处理。
2. 利用亚硝酸盐试剂盒测试亚硝酸盐含量。
3. 实验数据的整理。
4. 根据实验数据分析影响泡菜亚硝酸盐含量的因素有哪些。
5. 为泡菜爱好者提供制作健康泡菜的好点子。

改进记录

设 计 制 作

展示交流

泡菜制作及亚硝酸盐含量测定流程陈述

制作及测定过程中遇到的问题及收获

设计参考

设计图示

泡菜中亚硝酸盐含量测定主要应用了生物、化学、数学、艺术等学科知识，涉及实验流程设计、实际操作、数据的处理分析及结论的得出等环节。

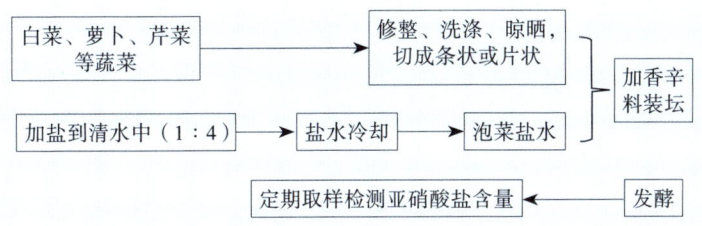

样品处理液的制备

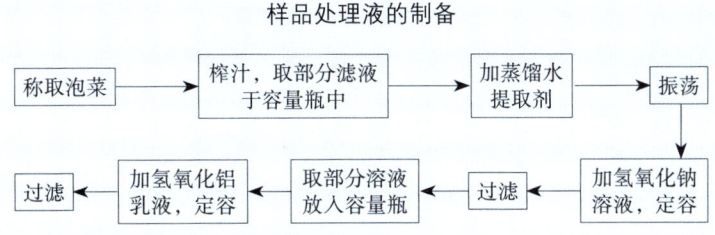

制作参考

模型展示

泡菜中亚硝酸盐含量测定的关键点：

1. 不同材料的泡菜在制作过程中，腌制的温度条件、时间长短等都要保持一致。

2. 定期取样进行实验，材料的处理和试剂的配制使用需要反复摸索，且重复实验，保证数据的准确性。

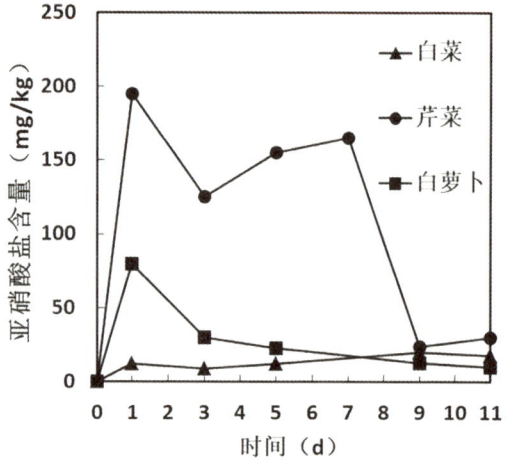

任务指导

> 更多思考

头脑风暴

是否存在有效降低自制泡菜中亚硝酸盐含量的有效措施呢?

1. 人工接种乳酸菌。

2. 低温保藏、加热杀菌。

3. 还有其他的方法吗?

第六节
磁流体减压玩具
——解决含铁废水的回收利用问题

生 活 情 境

来自高先生的求助

高先生是一家电风扇企业的老板,他们的产品远销海内外,非常受欢迎,但是有一个问题却一直困扰着他,那就是如何最大限度地回收利用废液中的铁元素。电风扇的金属扇叶是以薄片钢铁为材料,经过去油、除锈、磷化、喷漆4个步骤制作完成的。其中,除锈步骤通常是利用强酸(盐酸、硫酸、硝酸等)对钢铁进行浸泡洗涤,溶解掉钢铁表面的铁锈。经某环保局专家统计:每酸洗1吨钢材,产生55～77千克废液,内含3～4千克铁及部分酸。目前,酸性废水大多是经中和处理后,将大部分铁离子形成难溶物后直接排入水体,但排出的废水中还是含有大量的铁离子,污染环境。

同学们,请想一想有什么办法能帮高先生将废液中的铁元素变废为宝呢?

> 生活知识大爆炸

含铁废水到底有什么危害？

含铁废水对环境的危害主要包括以下几个方面：

（1）将含铁废水直接排放，废水中存在的溶解性铁离子会造成水体中溶解氧迅速降低，使排水呈赤橙色且产生异味，对环境造成严重污染。

（2）风扇厂排放的含铁废水通常酸性都很强且铁含量很高。酸性的含铁废水排入天然水体后，往往由于酸性降低，会产生氢氧化铁沉淀和氢氧化铁胶体。这些新生成的氢氧化铁胶体有很强的吸附能力，能吸附很多河流中的其他污染物，而被水流带到其他水体中，当水流减慢，如湖泊、河口等处，它们会逐渐沉降到水体底部。在水体底部，在微生物作用下，胶体中的三价铁又被还原为易溶的二价铁，被吸附的其他污染物随铁的溶解重新进入水中，造成新的污染。

（3）风扇厂为了除掉废水中高含量的铁，往往向沉淀池中投加石灰，以中和水的酸性，使氢氧化铁沉淀下来。但是铁离子含量过高可以杀死废水处理构筑物中的微生物，从而抑制沉淀池和消化池中的沉淀发酵。污水中铁的浓度达到一定值时，还可以使生物滤池的渗滤作用受到破坏。

设 计 制 作

参考材料

材料

可以参考的材料包含：处理后含铁废水、硫酸亚铁、沉淀剂、烧瓶、磁力搅拌器、小磁铁、磁子、磨口玻璃瓶、油酸等。

（材料仅供参考，具体用什么，可根据小组的设计调整。）

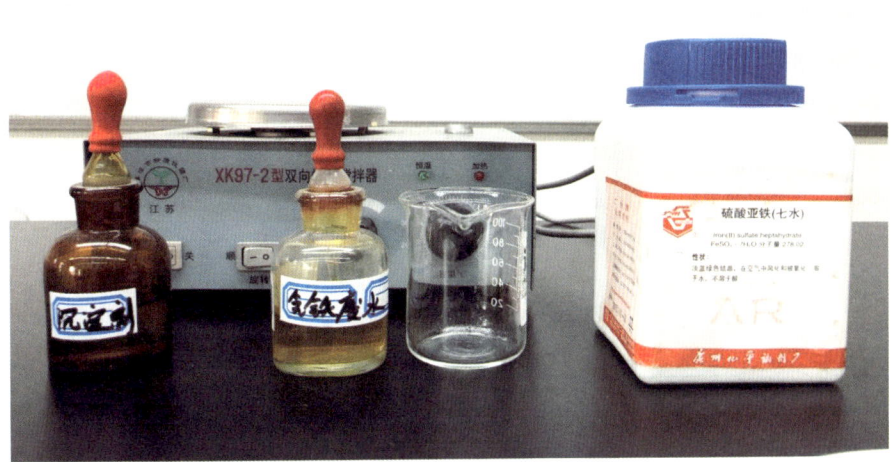

设 计 制 作

设计方案

思考讨论

根据要解决的问题及可参考的材料,请和本组小伙伴思考解决方案的细节,设计出可行方案。你们可能需要讨论以下问题:

1. 含铁废水中铁离子的化合价主要是多少?
2. 分析四氧化三铁中铁离子的化合价。
3. 如何利用有机溶剂油酸降低生成的四氧化三铁粉的颗粒度?

设 计 制 作

> 设计方案

设计图示

快把你们小组讨论的方案画下来吧!

设计模型

模型照片

为小组模型拍个特写吧。可以从不同角度拍摄,选出最能体现模型特色的照片贴到下方。

设 计 制 作

测试改进

测试方法

1. 将材料中的玻璃瓶装满水。
2. 把小组制作的磁流体装入装满水的玻璃瓶中。
3. 观察黑色流体和水的互溶性。
4. 用磁铁引导黑色磁流体运动,观察会发生什么现象。

改进记录

设计制作

展示交流

磁流体玩具模型工作流程陈述

磁流体玩具模型制作过程中遇到的问题及收获

任务指导

设计参考

设计图示

磁流体减压小玩具的设计主要应用了化学、物理、技术等学科知识，设计和水不互溶且具有磁性的流体，在小磁铁的帮助下完成流体的各种变形。

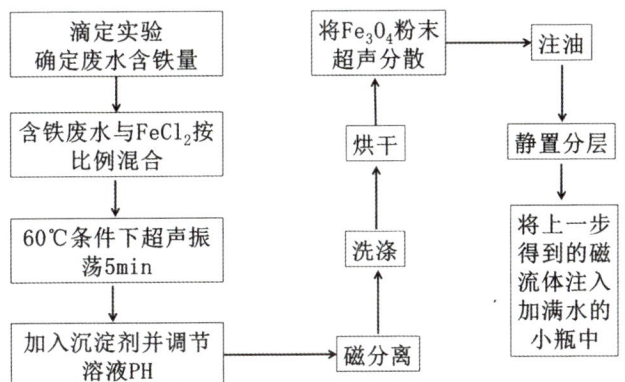

任务指导

制作参考

模型展示

磁流体减压小玩具制作的关键：二价铁和三价铁离子的比例很重要，要接近 3∶2，当三价铁离子多了会生成氧化铁，不会生成四氧化三铁，二价铁离子多了会影响最终产品的磁性大小；沉淀剂要一次性加入，这样产生的磁粉颗粒才小。

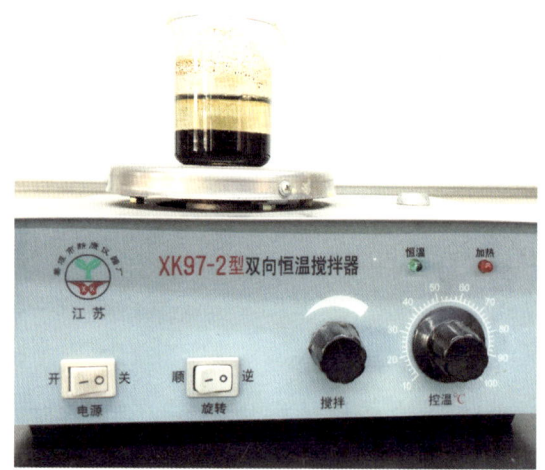

任务指导

更多思考

头脑风暴

1. 形成的磁流体为什么不与水互溶？

原因：磁流体由 2 部分组成：一是超细的四氧化三铁磁粉，二是作为分散剂用的浓缩油。四氧化三铁均匀地分散在油中，和水不互溶。

2. 一定是超细的四氧化三铁吗？

是的。颗粒度大了，四氧化三铁会沉淀下来，不均匀地分散在油中。

3. 收集的含铁废水可以用来做什么？

磁性衣帽钩、磁性橡皮泥等。

4. 本模型还有哪些可以改进的地方呢？

比如将实验装置在稀有气体的气氛中反应，防止 Fe^{2+} 氧化。

5. 还有什么其他方法可以回收利用含铁废水呢？

……

第七节
小明上学的烦恼
——缓解城市交通拥堵问题

生活情境

小明上学的烦恼

随着中国工业的不断发展，汽车越来越普遍地出现在家家户户。汽车的出现，使得人们的活动范围得到很大的扩展：周末的短途旅行，接送小孩上学、放学，等等。每个周末父母开车接送小明的时候，交通都非常堵塞，经常在路上耽误很多时间。交通堵塞时会浪费很多汽油，并排放更多废气。作为一名优秀的学生，小明知道交通拥堵是由于中国汽车保有量增加，他想缓解交通拥堵的情况，调查上学路上经常拥堵路段的车辆情况，通过设置红绿灯的等待时长，提高车辆的通行率。大家一起来出谋划策，科学合理地设置红绿灯时长，使用开源硬件模拟控制红绿灯等待时长，缓解交通拥堵的问题吧。

生活情境

生活知识大爆炸

汽车中的物理知识

你知道吗，现代生活中最重要的交通运输工具之一——汽车，在设计和使用中涉及了很多物理知识。比如：

（1）汽车的底盘质量都较大，这样可以降低汽车的重心，增加汽车行驶时的稳度。汽车的车身设计成流线型，是为了减小汽车行驶时受到的阻力。

（2）汽车在平直路面匀速前进时，牵引力与阻力互相平衡，汽车所受重力与地面的支持力平衡。

（3）汽车拐弯时：①司机要打方向盘——力是改变物体运动状态的原因；②乘客会向拐弯的反方向倾倒——乘客具有惯性。

（4）交通管理部门要求：①小汽车的司机和前排乘客必须系好安全带——可以防止惯性的危害；②严禁车辆超载——不仅仅减小车辆对路面的破坏，还有减小摩擦、惯性等；③严禁车辆超速——防止急刹车时，因反应距离和制动距离过短而造成车祸。

设 计 制 作

参考材料

材料

可以参考的材料包含：Arduino UNO 主板、面包板、LED 灯（红色、绿色、黄色）、电池、电池盒、导线、泡沫板、漆包铁丝、铜丝、电工胶布等。

（材料仅供参考，具体用什么，可根据小组的设计调整。）

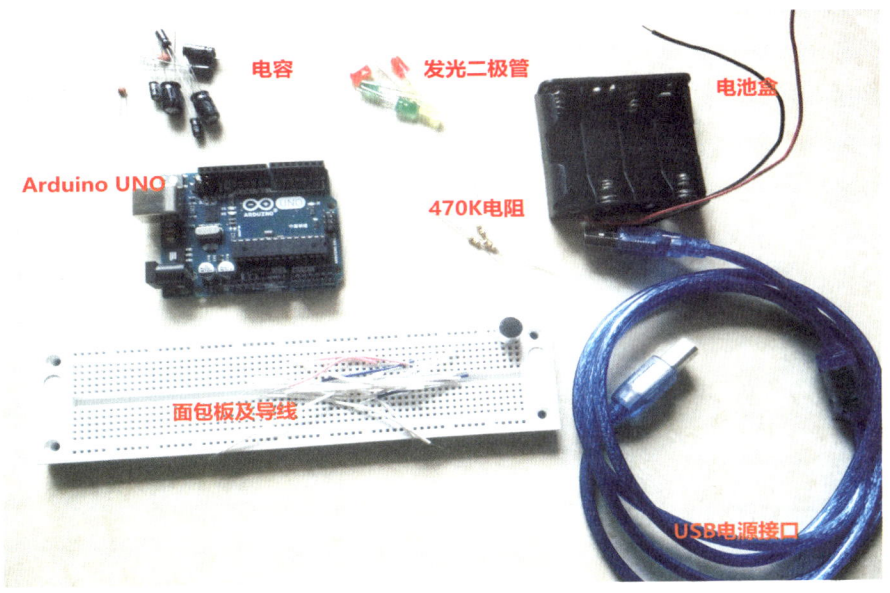

设计方案

思考讨论

根据要解决的问题及可参考的材料，请和本组小伙伴思考解决方案的细节，设计出可行方案。你们可能需要讨论以下问题：

1. 如何统计每个路口的车流量？
2. 根据路口车流量，计算出红绿灯应等待时长。
3. 将模型转换为程序并写入 Arduino 主板中。

设计图示

快把你们小组讨论的方案画下来吧！

设 计 制 作

设计模型

模型照片

为小组模型拍个特写吧。可以从不同角度拍摄，选出最能体现模型特色的照片贴到下方。

测试改进

测试方法

1. 红绿灯支架是否结实、牢固。

2. 观察模型中,各个路口的红绿灯之间是否配合、是否达到预期效果。

改进记录

设计制作

> 展示交流

模型工作流程陈述

制作过程中遇到的问题及收获

任务指导

设计参考

设计图示

缓解交通拥堵方案的设计主要应用了物理、数学、工程、技术、计算机等学科知识,根据采集的数据,合理设置各个路口的红绿灯等待时长。

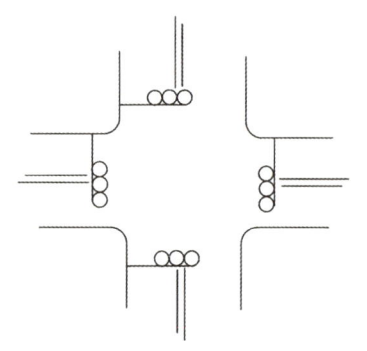

制作参考

模型展示

路口红绿灯模型制作关键点:

1. 采集路口的车辆数据;根据数据计算出绿灯时长、红灯时长。

2. 制作红绿灯支撑架的模型并组装红绿灯。

3. 编写相应的控制程序。

任 务 指 导

> 更多思考

> **头脑风暴**
>
> 1. 目前,实现了对单一路口进行红绿设置红绿灯等待时长的优化,是否可以考虑多个路口,乃至整个城镇的交通状况?
>
> 2. 采用人工统计各个路口的车辆通行数量工作量大,能否通过计算车辆启动速度、匀速速度,得出红绿灯时长与通过车辆数量的函数?如果也考虑车道、非机动车等影响因素,函数又是如何的呢?
>
> 3. 是否需要考虑警车、救护车等特殊情况?
>
> 4. 采访交警或交通局局长等专业人员,并听取他们的意见。

第八节
夜晚带娃的神器
——解决婴幼儿起夜照明问题

生 活 情 境

宝爸宝妈的烦恼

有婴儿的家庭，常常需要半夜起床给婴儿喂奶或换尿布，日常照明用灯亮度较大，而孩子眼睛还没有发育好，在漆黑的环境下突然亮灯会对孩子的眼睛造成一定伤害。现有的小夜灯在夜晚通常是常开状态，虽然其亮度并不高，但对人的睡眠具有一定的影响，并且也会对本来就比较紧张的电力资源造成一定的浪费。目前，也有的小夜灯设置了开关，但是由于小夜灯本身体积就比较小，开关就更小了，人在半夜醒来摸黑打开小夜灯开关十分不便。请大家一起想办法设计一个声控小夜灯来帮助宝爸宝妈吧！

生活情境

生活知识大爆炸

声控传感器的原理与应用

声控传感器使用的是与人类耳朵相似具有频率反应的电麦克风，内置一个对声音敏感的电容式驻极体话筒。声波使话筒内的驻极体薄膜振动，导致电容的变化，而产生与之对应变化的微小电压。这一电压随后被转化成 0~5 伏的电压，经过转换被数据采集器接收，并传送给计算机。

在医学上，声控传感器主要应用于助听器，所有的助听器都有一定的共性，它们都是采用不同的方式来增加音量，以满足听力需求。它们可以让轻声听得见，同时让中度或重的声音变得舒适，如此在嘈杂和安静的环境中提供缓解。虽然没有哪个助听器可以解决所有的听力问题或让听力还原到正常，但它们却可以帮助人们听和理解得更清楚。

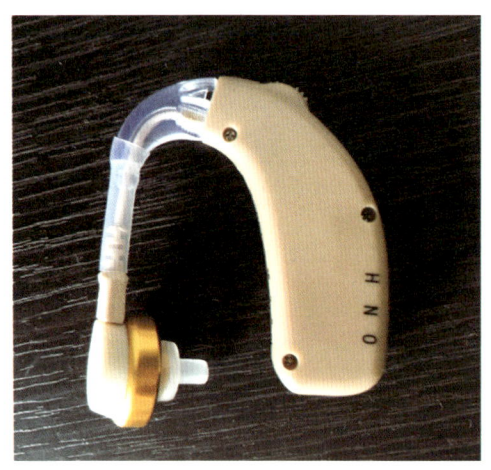

传统助听器的工作原理是：声控传声器（麦克风）把接收到的声信号转变成电信号送入放大器，放大器将此电信号进行放大，输送至受话器（耳机），后者再将电信号转换成声信号。此时的声信号比之传声器接收的信号强多了，这样，就可以在不同程度上弥补耳聋者的听力损失。

设 计 制 作

参考材料

材料

可以参考的材料包含：LED 灯组、声音传感器、电池组、开关、灯罩、小夜灯支架、导线、胶水、双面胶等。

（材料仅供参考，具体用什么，可根据小组的设计调整。）

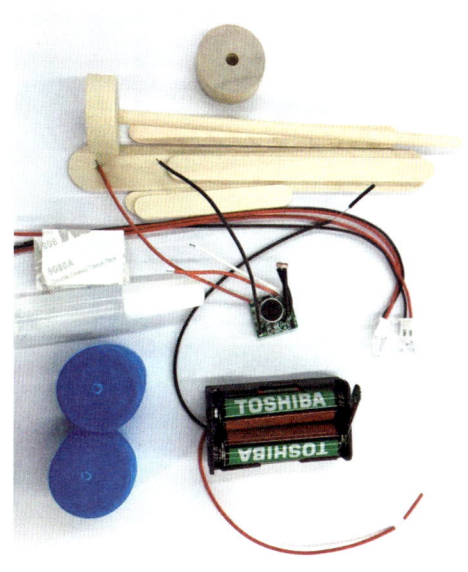

设计方案

思考讨论

根据要解决的问题及可参考的材料,请和本组同学思考解决方案的细节,设计出可行方案。你们可能需要讨论以下问题:

1. LED 灯是串联还是并联?
2. 如何连接声控传感器元件?
3. 如何解决 LED 灯光刺眼问题?

设计图示

快把你们小组讨论的方案画下来吧!

设计模型

模型照片

为小组模型拍个特写吧。可以从不同角度拍摄,选出最能体现模型特色的照片贴到下方。

设 计 制 作

测试改进

测试方法

1. 声控传感器模块带有光敏电阻,将光敏电阻用纸包住,模拟夜间环境。
2. 闭合开关,通过拍手或讲话发出声响。
3. 观察 LED 灯组是否发光,是否达到预期效果。

改进记录

设 计 制 作

展示交流

模型工作流程陈述

制作过程中遇到的问题及收获

设计参考

设计图示

声控小夜灯涉及物理、工程、技术等知识，帮助学生掌握串、并联电路的知识，锻炼学生利用简单的电子元件完成实验能力。在电路中，声控传感器起到一个自动开关的作用，当接收到声音信号，电路接通，LED 灯亮。

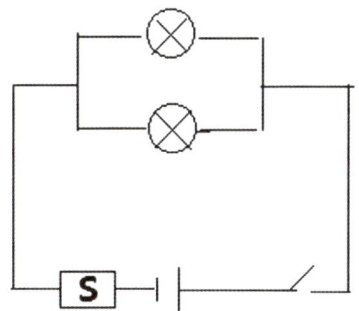

任务指导

制作参考

模型展示

声控小夜灯制作中,2只LED灯要并联。为了使灯光更加柔和,设计一个灯罩,灯光就不会刺眼了。声控传感器接到干路上,起到开关作用,因为这个传感器模块有光控元件,所以在测试时,要把光控元件包住,模拟黑夜环境,这样当闭合开关时,声控传感器才能接到声音信号。

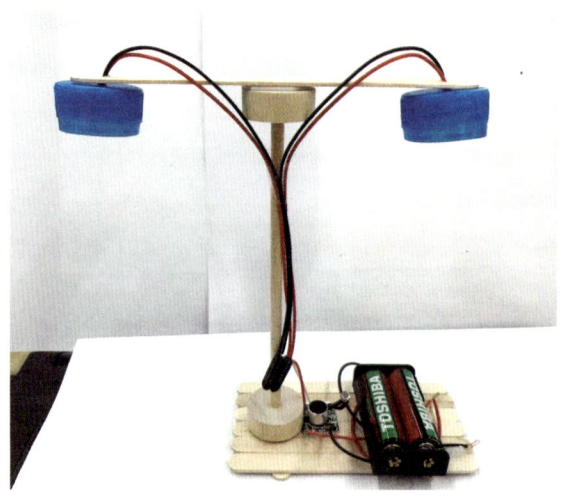

任务指导

更多思考

头脑风暴

1. 能不能让 LED 灯组串联呢？

一般 LED 的电压是 3 伏左右（红光除外），串联需要更多的电池组成电池组。

2. 用充电宝作为电源，可行吗？

可行。充电宝可以充电，使用更方便。

3. 本模型还有哪些可以改进的地方呢？

比如串联一个可以控制亮度的旋钮，开始时亮度最低，过一段时间再把亮度慢慢调高，让人眼睛有一个适应过程。

4. 还有什么其他方法可以解决宝爸宝妈们的烦恼呢？

……

第九节
月月妈妈的愿望
——解决阳台 DIY 水培植物问题

生 活 情 境

月月妈妈的愿望

随着栽培技术的不断进步，蔬菜的生长期越来越短，而随着环境污染的加剧，蔬菜的病虫害也越来越重，绝大部分蔬菜需要连续多次放药后才能成熟上市。施用农药后一部分农药会直接或间接残存于谷物、蔬菜、果品、畜产品、水产品中以及土壤和水体中，形成农药残留，对人类健康和生态环境造成不同程度的影响和危害。

月月妈妈经历了一次食物中毒，到医院检查才知道，是因为食用农药残留过多的蔬菜造成的。有了这次经历，月月妈妈开始思考如何在自家阳台上种植蔬菜，让家人吃上无公害、无农残的安全蔬菜。请设计一个阳台无土栽培方案，帮月月妈妈实现愿望吧！

生活情境

生活知识大爆炸

农药残留知多少?

我国蔬菜中主要的农药残留有3类:

(1)有机磷农药,主要用于防治植物病、虫害、草害,是我国现阶段使用量最大的农药。大剂量或反复接触之后,会出现一系列神经中毒症状,如出汗、震颤、精神错乱、语言失常,严重者会出现呼吸麻痹,甚至死亡。

(2)拟除虫菊酯类农药,对昆虫的毒性比较高,是一种广谱高效的杀虫剂。使用面积大、应用范围广、数量大,接触人群多。轻度中毒有头痛、头晕、乏力、视物模糊、恶心、呕吐、流涎、多汗、食欲不振和瞳孔缩小,重度中毒可有昏迷、肺水肿、呼吸衰竭、心肌损害和肝、肾功能损害。

(3)杀菌剂类农药,指能杀灭或抑制危害植物的真菌、细菌等病原体的一类农药,可以防治植物病害。

生活中常用的去除蔬菜水果农残的方法有:去皮法、浸泡水洗法、阳光照射法、臭氧洗脱法、生物消解酶去除法、加热法、储存法等。每种方法都各有利弊。所以,科学合理地使用农药、加强对相关法规的贯彻执行、系统开展农残监测工作、开辟新的抗病虫害方法才是降低农残危害的解决策略。

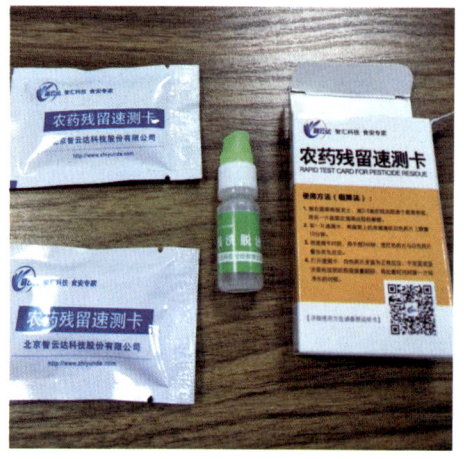

生活中测定农药残留可以购买农药残留速测卡,操作简单、快捷,准确度良好,可为日常生活中的食品安全提供参考。

设 计 制 作

参考材料

材料

可以参考的材料包含：废旧餐盒或塑料瓶等容器、海绵或泡沫、想要栽培的植物种子或繁殖体、配制培养液所需材料等。

（材料仅供参考，具体用什么，可根据小组的设计调整。）

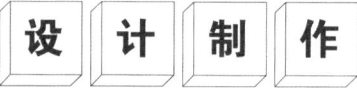

设 计 制 作

设计方案

思考讨论

根据要解决的问题及可参考的材料,请和本组小伙伴思考解决方案的细节,设计出可行方案。你们可能需要讨论以下问题:

1. 植物培养液含有哪些成分?栽培不同植物,培养液成分是否完全一致?
2. 如何确定适合植物生长的最适浓度?
3. 如何解决水培蔬菜根系无法固定的问题?

设计图示

快把你们小组讨论的方案画下来吧!

设计制作

设计模型

模型照片

为小组模型拍个特写吧。可以从不同角度拍摄,选出最能体现模型特色的照片贴到下方。

测试改进

测试方法

1. 确定植物培养液应含有的成分，并配制培养液。
2. 实验测试促进植物生长的最适培养液浓度。
3. 用海绵或泡沫固定植物种子或繁殖体。
4. 在容器中放入栽培植物，倒入培养液，在适宜环境中培养。

改进记录

设 计 制 作

展示交流

模型工作流程陈述

制作过程中遇到的问题及收获

任务指导

设计参考

设计图示

DIY水培植物方案的设计主要应用了数学、化学、生物等学科知识，设计植物固着方式，配制培养液，确定其适宜浓度，在家实现水培植物DIY。

1. 对不同植物营养液配方的选择是水培成功的关键。不同的植物，其营养液的配方有所不同。这里介绍一个广泛应用的营养液配方（单位：克）。

大量元素					微量元素			
硝酸钾	硝酸钙	磷酸铵	硫酸镁	氯化铁	碘化钾	硼酸	硫酸锌	硫酸锰
0.588	0.72	0.152	0.294	0.142	0.00284	0.00056	0.00056	0.00056

2. 设置不同浓度梯度营养液，探究促进植物生长的最适浓度范围。

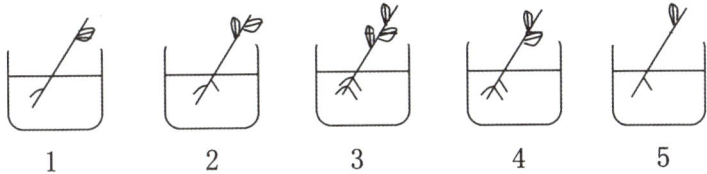

3. 调整酸碱度。营养液的酸碱度直接影响营养液中养分存在的状态、转化和有效性。在调整pH值时，应先把强酸、强碱加水稀释（营养液偏碱时多用磷酸或硫酸来中和，偏酸时用氢氧化钠来中和），然后逐滴加入营养液中，同时不断用pH试纸测定，至中性为止。

任务指导

制作参考

模型展示

任务指导

> 更多思考

头脑风暴

1. 在家如何自制植物营养液？

方法一：把淘米水装入瓶内，放在太阳下晾晒，之后加50倍清水搅拌即可。

方法二：用花土加水搅拌，晾晒后再搅拌一次，之后过滤出的水就是天然的营养液。

方法三：将复合肥放在水里，溶解后保存起来。

2. 培养液能否代替水使用？

不能。要少量定期添加。

3. 能否实现装置的自动补水？参照本书"做个养花自由人"课例，小组探讨一下。

第十节
神奇的手机魔盒
——解决孩子使用手机超时问题

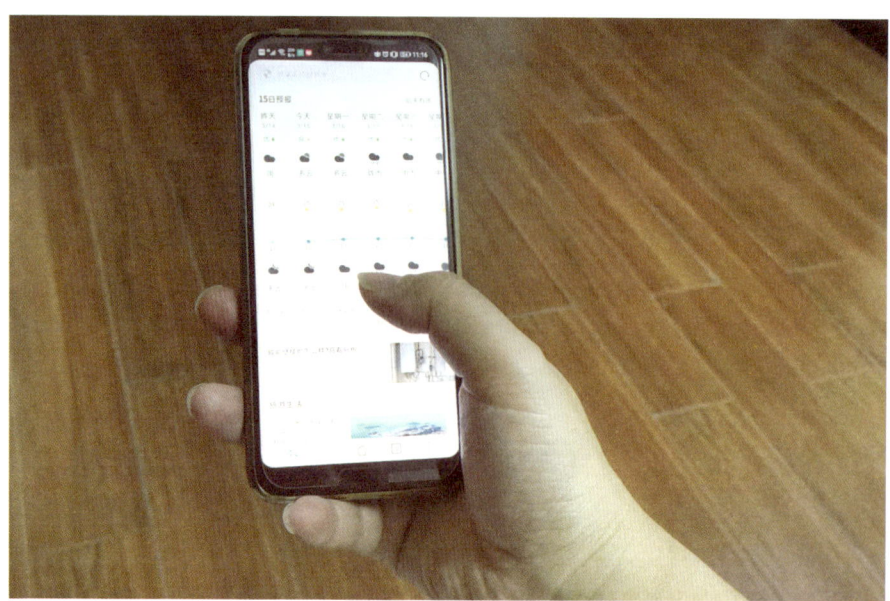

生 活 情 境

⟨来自夫夫同学的求助⟩

手机，已经成为现代人必不可少的一个工具。为了研学便于联系，妈妈为初二的夫夫买了一个智能手机。研学结束后，爱学习的夫夫自觉地将手机交给妈妈保管，并约定只在周末回来使用一个半小时。妈妈为了表示对夫夫的信任，将手机放在客厅茶几最显眼的地方；夫夫使用手机后，也自觉地将手机放回原处。夫夫一直都很遵守约定。最近妈妈发现，周末回来，夫夫在用完一个半小时的约定时间后，会把手机放回原处，但也会趁妈妈不注意，再把手机偷偷拿来用。妈妈批评过夫夫，但手机的诱惑太大了，他一不小心就悄悄拿起了手机，然后又后悔。

同学们，你们能利用学到的各学科知识设计一个诚信保管盒，把手机"关"起来，帮助夫夫控制好手机的使用吗？

生活情境

生活知识大爆炸

生活中的报警装置

如何把手机"关"起来,在该用的时间使用,在不该使用的时间,如果偷偷去动,会有提醒甚至报警?类似原理的装置有很多,比如音乐贺卡、光感小鸟玩具等。材料也可以改装或者借用别的装置,关键是创意。

光感小鸟玩具:在一个密封盒子里,装了一只玩具小鸟,当打开盒子时,小鸟就会鸣叫和闪光。

原理:打开盒子,光线射入,光敏电阻感光,控制玩具里的电路接通,发出鸟叫并闪光。

音乐贺卡:将贺卡打开,音乐就会响起并闪光。

原理:贺卡打开时,拉动开关,控制贺卡里的电路接通,发出音乐声并闪光。

设 计 制 作

> **参考材料**

材料

可以参考的材料包含：单侧可翻盖盒子、光感录放音模块（带纽扣电池）、光感开关、伸缩拉动控制的生日电子机芯（带纽扣电池）、包装纸等。

（材料仅供参考，具体用什么，可根据小组的设计调整。）

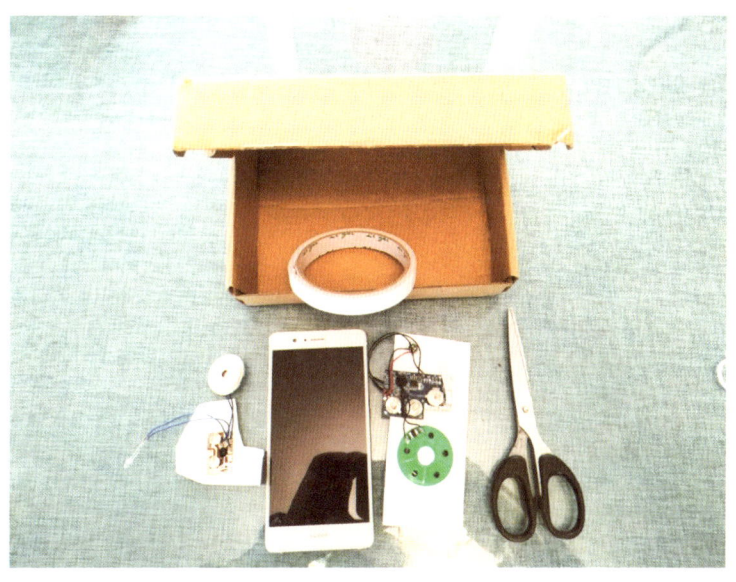

设计方案

> **思考讨论**
>
> 根据要解决的问题及可参考的材料，请和本组小伙伴思考解决方案的细节，设计出可行方案。你们可能需要讨论以下问题：
>
> 1. 如何控制放手机的盒子，在被打开时会发出警示声音？
> 2. 如果盒子打开后，手机被拿起时，能否再次提示，给予警示？
> 3. 如果是半夜，没有光线时，手机盒子被打开，能否保证响起提示音？
> 4. 正常使用手机时，如何让提示音不再响起？
> 5. 盒子可以如何美化一下？

设 计 制 作

设计图示

快把你们小组讨论的方案画下来吧!

> 设计模型

模型照片

为你们小组的模型拍个特写吧。可以从不同角度拍摄,选出最能体现本次模型特色的照片贴到下方。

设 计 制 作

测试改进

测试方法

1. 有光线时，测试盒子打开和闭合，音乐警示音是否会响起和关闭。
2. 把手机拿起、放下，个性提示音是否会再次响起和关闭。
3. 黑暗中，测试盒子打开和闭合，音乐警示音是否会响起和关闭。
4. 观察盒子的美观性。

改进记录

设计制作

展示交流

手机诚信保管盒制作工作流程陈述

制作过程中遇到的问题及收获

设计参考

设计图示

手机诚信保管盒的设计主要应用了物理、美术、数学、工程、心理等学科知识，设计多种控制开关，利用光学传感器和机械装置作为开关，触发多重报警装置，起到提示警戒作用。结合机主心理，选用个性化激励语言，利用语音提示和警示激励个人拒绝手机诱惑。

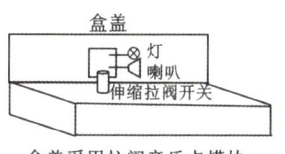

盒盖采用拉阀音乐卡模块，开盖即响且灯亮，予以第一次警示。

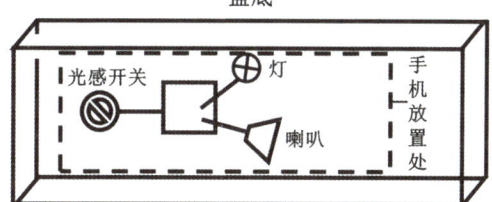

1. 盒内手机放置处采用带光感开关的录音播放模块。
2. 当手机拿起，光感开关工作，接通电路，灯亮，播放录制好的手机使用承诺，予以二次警示。

任务指导

制作参考

模型展示

手机诚信保管盒设计关键点：

1. 开关保管盒盖，提示音响起和关闭：利用伸缩拉动控制的生日卡电子机芯（带纽扣电池）制作。保证打开盒盖，能恰好拉动开关，连通电路发出提示音；保证关闭盒盖，能恰好拉动开关，断掉电路停止提示音。

2. 拿起和放回手机，提示个性音响起和关闭：利用光感控制的电子机芯（带纽扣电池）制作。保证拿起手机，光线能触发开关，连通电路发出提前录好的个性提示语音；放回手机，能遮住光线，断掉电路停止提示音。

任务指导

更多思考

头脑风暴

1. 保管盒的制作是否可用其他材料?

可以。比如金属、塑料等均可,且金属、塑料的美观、耐用性比纸盒更好。

2. 如何能使开关更加灵敏?

比如反复试验拉阀开关的灵敏性,使盒子稍有开启,马上就响;调节光敏电阻的灵敏性,使手机一拿起,提示声就响;将光敏电阻换成红外线传感器,在黑暗情况下拿动手机,也可触发警报。

3. 能否让提示音音量更大?

可以。将电子机芯音频端与外接音箱相连。

4. 如何能使父母即使在外地也知道夫夫是否违规使用手机?

比如用一个触发装置,结合手机 APP,只要盒子一打开,就发出信号,在父母的手机上进行提示。

5. 还可以设计什么其他的方案来帮助夫夫呢?

第三章 发现与创新

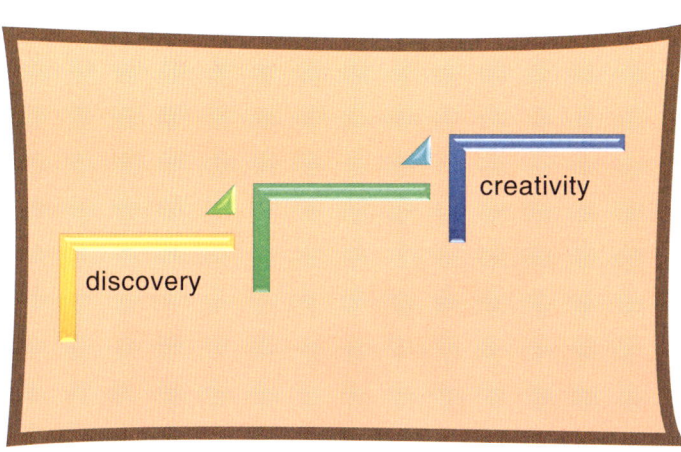

第一节 家庭场景

家 庭 场 景

场景一

目前，市场上的热水器按照原理不同可分为电热水器、燃气热水器、太阳能热水器、磁能热水器、空气能热水器、暖气热水器等。大多数热水器放水时都不能即开即热。

在淋浴时，你是否有过这样的苦恼：打开开关，等待冷水放完，热水不紧不慢地被等来了。夏天气温高，天气热，稍作等待可以接受，但风一吹就让人瑟瑟发抖的冬天，还是要等啊等，等待热水的姗姗来迟……和小伙伴一起动手，设计一个速热水龙头，让寒风中的心不再等待。

家庭场景

所需材料

家庭场景

设计方案

产品照片

家 庭 场 景

场景二

有人这样形容广东的雨：广东的雨一般是三天一小下，五天一大下！广东，地处低纬度，为亚热带季风气候，雨季较长。从降水类型来说，受锋面雨、对流雨、台风雨的影响，一年的雨天大概在200天左右。

在这样的天气下，出门开着窗户，上班心里想着窗户，一下大雨，没人在家的上班族家庭，肯定"水漫金山"。有没有办法可以让上班族无论什么天气，都能很有底气地开窗呢？

所需材料

家庭场景

设计方案

产品照片

家庭场景

场景三

随着生活条件的提高,人们对身体健康越来越重视,而电视机在带来欢乐的同时,也给人造成了很大的伤害,尤其是对眼睛的伤害更大。经常近距离观看电视,会导致眼睛近视,给生活造成许多麻烦。

在家看电视时,是否经常听见妈妈在一旁提醒:不要离电视太近了,离远一点看……有没有这样一种可能,给电视装个传感器,人一旦走近,电视便按距离缩小画面。和小伙伴们一起去实现吧!

家庭场景

所需材料

设计方案

家庭场景

产品照片

家 庭 场 景

我的发现

还有更多家庭场景中的问题等着智慧的眼睛去发现,等着创造性地去解决……

第二节 学校场景

学校场景

场景一

小明和伙伴们马上要参加学校的新声音比赛了,他们是一个自组乐队,小明是乐队的一名鼓手。他特别重视这次比赛,特别希望每天练习一下架子鼓,在比赛时能更完美。可是,学校只有一台架子鼓,练习需要排队。

架子鼓体积较大,一般的5头鼓是2米×1.5米,7头鼓大约是2.5×1.5米,不便携带,小明只能放弃在学校的练习。

爱好音乐、喜欢架子鼓的朋友,经常会和小明一样因为全套鼓太大、不便携、噪声大而不得不放弃练习。可否利用传感器,设计手机APP等帮助他们可以随时随地练鼓呢?

学校场景

所需材料

学 校 场 景

设计方案

学校场景

产品照片

学校场景

场景二

　　学校里班级多，师生多，如果每个场馆做不到人走灯关，人走空调停，每年累计的用电浪费总量非常大。所以学校的常规检查往往都有环保这一项，以提醒师生节约资源。但总有一些小马大哈，离开教室的时候总会忘记关灯、关空调，不仅扣了班级量化分，还浪费资源。有没有可能借助传感器和手机客户端设计，老师可随时查看课室情况，同时也具备教室同学全部离开时的提醒功能呢？

所需材料

学 校 场 景

设计方案

学校场景

产品照片

学校场景

场景三

在学校，老师们经常需要外出参加各级培训，而所有的培训均需通过学校审批，这要经过一个复杂的流程。首先，参加培训的老师需要填写纸质申请单，到行政楼校长办公室由校长审批签字。其次，该老师需要拿着校长签字后的申请单到年级级长办公室请级长签字，并安排好该培训老师不在校期间的相关年级工作。再次，该老师还需要拿着申请单到科长办公室请科长签字，并安排好该培训老师不在校期间的相关学科工作。最后，该老师需要拿着走好流程的申请单再次到行政楼，将申请单交给学校办公室教务老师，由她做好登记，并落实后续工作。

在这个过程中，如果签字的各部门负责人都在，该培训老师可以顺利地一次性完成申请。但真实的情况往往是，校长可能外出，级长可能在上课，科长可能去听课。有时候，老师们需要一天或者两天，甚至更长的时间才能完成外出培训的申请。更让人痛苦的是，培训回来后费用发票的报销又需要把这个流程再走一次。这大大降低了办公效率，老师们一致呼吁需要一套智能办公系统。你能针对学校某项常规工作，设计一套通过网络实现智能办公的系统吗？

所需材料

学校场景

设计方案

产品照片

学 校 场 景

我的发现

　　还有更多学校场景中的问题等着智慧的眼睛去发现，等着创造性地去解决……

第三节
交通场景

交通场景

场景一

很多大货车发生交通事故，死者基本都在货车右转的右侧，这个地方就是人们常说的"死亡弯月"。车辆转弯时，前内轮转弯半径与后内轮转弯半径之差，就叫内轮差。

在转弯过程中，内轮差会产生一个视线死角，也就是我们说的"死亡弯月"，如果此时有人、车在旁边，很容易发生车祸致死。车身越长，转弯幅度越大，形成的轮差就会越大。小型车最多产生接近0.6米的内轮差，而大货车则可达到1.5～2米多。

有没有方法可以解决大货车转弯过程中产生的视线死角呢？参照倒车雷达原理或其他方法，尝试一下吧！

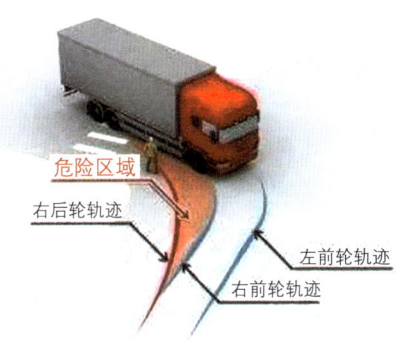

交通场景

所需材料

交通场景

设计方案

交通场景

产品照片

交通场景

场景二

随着经济发展和生活水平的提高，中国汽车的保有量在逐渐增大。截至 2018 年年底，全国汽车保有量达 2.4 亿辆。

汽车多了，生活方便了，但停车却成问题了。我国城市的停车设施建设严重不足，城市规划与交通规划不同步等让城市，尤其是中心城区，不仅行车难，停车更难。

但我们发现，小区白天空车位特别多，商务区夜晚空车位特别多。那有没有可能设计一个 APP，智能完成车位共享呢？

所需材料

交通场景

设计方案

产品照片

交通场景

场景三

驾驶车辆等待红绿灯时，会碰到这样的情况：非上班高峰车流量很少，与上班高峰车流量很大时，红绿灯的时长是一样的。

有没有可能让红绿灯分时段，自适应控制呢？尝试模拟城市智能信号控制系统，通过交叉口进口道埋设的线圈获取流量信息，对信号控制进行调整。也可以模拟定时信号控制，或者高峰、平峰有多套配时方案。

所需材料

设计方案

产品照片

交通场景

我的发现

还有更多交通场景中的问题等着你智慧的眼睛去发现,等着你创造性地去解决……

❝ 打破学科本位思想，多学科知识融合应用 ❞